Lentos Verlag

www.lentos-verlag.com

Copyright © Lentos Verlag
www.lentos-verlag.com
Am Wegen 3, D-21723 Hollern-Twielenfleth
2015

Rezepte: Angelika Myriel Luh
Cover, Layout & Illustrationen: Steffi Pust-Design
Bilder: Angelika Myriel Luh & Fotolia
Lektorat: Miriam Shana Lee
Druckerei: Häuser KG, Venloer Straße 1271, 50829 Köln

Angelika Myriel Luh

Vegane Rezepte

Ohne Soja & Tofu

Aus den Schätzen der Natur mit Gemüse, Obst und vielen Kräutern
In Leichtigkeit und Freude kochen

Inhaltsverzeichnis

Ich bin Angelika Myriel

OMAR TA SATT

HERZLICH WILLKOMMEN

Lieber Leser, es freut mich sehr, dass ich dein Interesse für veganes Essen geweckt habe und ich dein Seelenlicht begrüßen darf!

Ich habe vor vielen Jahren damit begonnen, mich vegetarisch zu ernähren. Durch meinen spirituellen Weg, den ich seit Juni 2008 intensiv gehe, hat sich vieles in meinem Leben positiv verändert. Ich wurde u.a. feinfühliger und sehe das Leben mit anderen Augen.

Ich durfte erkennen, dass auch Tiere eine Seele in sich tragen. Sie haben ein Recht darauf, artgerecht und in Freiheit hier auf diesem wunderschönen Planeten zu leben. Es sind Lebewesen – genauso wie wir Menschen. Wenn ich sehe, wie einige Menschen Tiere behandeln, tut es mir in meiner Seele und in meinem Herzen weh.

LOTUS

NEUES BEWUSSTSEIN

Anfang 2014 habe ich mich auf vegane Ernährung umgestellt. Ich probierte vieles aus. Dabei habe ich festgestellt, dass die Natur uns unzählig verschiedene Möglichkeiten bietet und dem Körper alles geben kann, was er zum Leben braucht.

Ich war nie auf der Suche nach einem Fleischersatz. Soja oder Tofu haben mir nicht geschmeckt. Die größten Tiere dieser Erde ernähren sich von Blättern, Pflanzen, Gemüse, Obst und Kräutern. In der naturbelassenen Nahrung ist alles enthalten, was der Mensch benötigt.

ANA

LICHT

Es besteht eine große Vielfalt, abwechslungsreich zu kochen! Veganes Essen kann schmackhaft sein: mit Kräutern und Gewürzen, verschiedenen Nüssen oder Samen, mit frischem Obst und Gemüse. Gesunde und hochwertige Öle geben dem Essen außerdem einen besonderen Geschmack. Das Essen schmeckt dadurch nicht langweilig oder eintönig.

Bei der Zubereitung des Essens ist es von großer Bedeutung, wie die Nahrungsmittel ausgewählt werden. Die Qualität sowie die Herkunft und der Anbau des Gemüses können entscheidend dazu beitragen, wie das Essen schmeckt und dem Körper bekommt. Zum Ursprünglichen zurückzukehren, bedeutet auch, den Körper mit allem Natürlichen zu versorgen, was er zum Leben braucht.

AN'ANASHA

DANKBARKEIT

Wenn das, was uns die Erde an Schätzen zur Verfügung stellt, geachtet und wertgeschätzt wird; wenn die Speisen mit Liebe und Dankbarkeit zubereitet und angerichtet werden, fließt eine lichtvolle Energie mit jeder einzelnen Zutat in das Essen hinein.

RUNA

FÜLLE

LAY'O'ESHA

FREIHEIT

TAN'ATARA

LEBENSFREUDE

ELEXIER

BEDINGUNGSLOSE
LIEBE

Alles ist Energie und somit auch lebendig! Mutter Erde stellt uns unendlich viele Möglichkeiten und verschiedene Geschmacksrichtungen zur Verfügung. So können wir – der Jahreszeit entsprechend – aus dem bunten Garten dieser Vielfalt an Obst, Gemüse, Kräutern, Blüten und Getreiden auswählen, auf was wir Appetit haben.

Optimal wäre es, das zu essen, was in der jeweiligen Region wächst. Dies ist für den Körper und somit für den Menschen am besten verträglich. Dennoch sollten wir mit Liebe und gesundem Herzensverstand auf die Bedürfnisse jedes Einzelnen und dessen Geschmack achten. Denn jede Begrenzung und Einschränkung, etwas nicht essen zu dürfen, erzeugt Druck und Verbissenheit. Wenn also ein exotisches Gemüse oder Obst sehr gerne gegessen wird, dann sollte dieses Bedürfnis auch erfüllt werden, selbst wenn es nicht aus der Region stammt, in der man lebt. Dies kann Glücksgefühle in der Seele hervorrufen.

Bei der Umstellung auf vegane Ernährung ist es wichtig, sich nichts beweisen zu wollen. Mit Genuss zu essen, erzeugt Lebensfreude! Mit kindlicher Neugierde etwas NEUES auszuprobieren, erfreut Körper, Geist und Seele.

Alte Ess- und Kochgewohnheiten loszulassen, eröffnet den Raum, Neues auszuprobieren und zu entdecken. Manchmal saß ich vor einer neuen Kreation mit Tränen in den Augen da und dachte: „Wow, das schmeckt ja so lecker! Danke für dieses Geschenk!" Mit einer spielerischen Herangehensweise gelingt veganes Essen mit Leichtigkeit. Und natürlich ist eines der wichtigsten Elemente beim Kochen und Garnieren der Speisen die LIEBE, die alles harmonisch vereint.

Die Symbole, die in diesem Buch zu sehen sind, werden als Kristalle bezeichnet und stammen aus den höchsten Ebenen des Lichtes. Die Kristalle tragen hohe, lichtvolle Schwingungen und sind ein Teil der universellen Lichtsprache. Sabine Sangitar hat als Medium diese Kristalle zu den Menschen gebracht. Durch sie und die Kryonschule hat sich mein Leben wundersam verändert. AN'ANASHA!

Liebes Seelenlicht, DANKE, dass ich dich mit meinen veganen Rezepten inspirieren darf, kulinarisch NEUE WEGE zu gehen.

Mit Achtsamkeit und Respekt vor jedem einzelnen Lebewesen verneige ich mich in Demut und Dankbarkeit. Ich wünsche nun ein gutes Gelingen, viel Freude am veganen Kochen und einen guten Appetit beim Essen!

In Liebe für dich und dein SEIN.

Angelika Myriel Luh

Danksagung

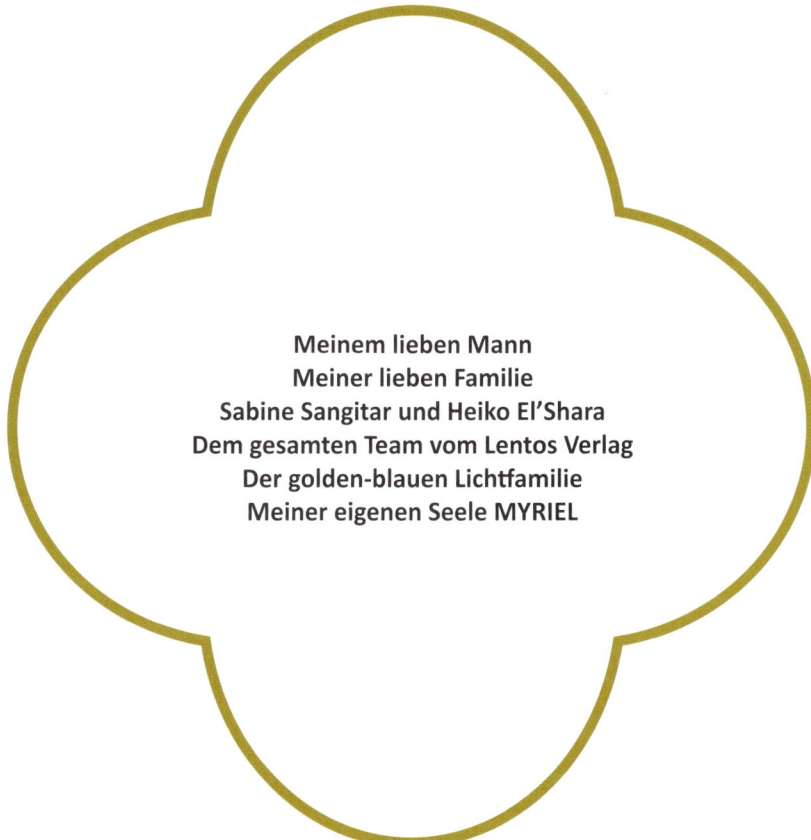

Meinem lieben Mann
Meiner lieben Familie
Sabine Sangitar und Heiko El'Shara
Dem gesamten Team vom Lentos Verlag
Der golden-blauen Lichtfamilie
Meiner eigenen Seele MYRIEL

In Liebe und Dankbarkeit für die Menschen, die mich dabei begleitet und ermutigt haben,
dieses vegane Kochbuch zu schreiben.

Danke für eure Inspiration und Unterstützung!

Allgemeines

Die Rezepte und Vorschläge im Buch können gut variiert werden. So kann z. B. Quinoa durch Hirse, Reis oder Bulgur ersetzt werden. Auch die verschiedenen Öle können in ihrer Anwendung sehr gut ausgetauscht werden. Durch die Vielfalt an Möglichkeiten, mal etwas Neues auszuprobieren, wird eine große Abwechslung in den Speiseplan gebracht und somit erweitert.

Kräuter, die in der Nähe des Menschen in einem natürlichen Garten oder einer ursprünglichen Umgebung wachsen, können ein Zeichen dafür sein, dass sie dem Körper dienlich sind. Wenn z. B. Giersch im Garten wächst, dann wäre es gut, diesen in den Speiseplan mit einzubinden.

Giersch schmeckt ähnlich wie Spinat und kann auch so zubereitet werden. Wichtig ist hierbei, nur die jungen Blätter zu verwenden. Die größeren schmecken oft bitter. Es ist eine generelle Empfehlung, bei Wildkräutern nur die jungen Triebe zu pflücken, insbesondere beim Löwenzahn nur die jungen Blattspitzen.

Frauenmantel ist ein sehr wertvolles Kraut, das – wie der Name schon sagt – gut für Frauen ist. Es reguliert den Hormonhaushalt und trägt dazu bei, dass sich die Frau „in ihrem Körper" wohlfühlt. Die Blätter des Frauenmantel können als Tee getrunken oder in den Salat gegeben werden.

Bei den Rezepten habe ich Kräuter ausgewählt, die auf dem Balkon oder auf der Terrasse angepflanzt werden können. So können die Kräuter immer frisch und in der für den Moment benötigten Menge geerntet werden. Mit Liebe und Aufmerksamkeit gepflückt, wird Dankbarkeit gegenüber den Kräutern und deren Blumendevas zum Ausdruck gebracht.

Zitronenverbene — Blutsauerampfer — Zitronenthymian — Magenta-Spinat — Giersch — Koriander — Rosmarin — Brennnessel — Minze — Gundermann

Wertvolle pflanzliche Eiweiße:

Bei der veganen Kost ist darauf zu achten, dass das Essen wertvolle, pflanzliche Eiweiße enthält.

Pflanzliche Eiweißlieferanten sind enthalten in:

Alle Arten von Nüssen wie z.B.:
Mandeln, Pistazien,
Paranüsse, Pinienkerne,
Cashewkerne, Walnüsse,
Haselnüsse, Erdnüsse,
Chia-Samen, Hanfsamen,
Sonnenblumenkerne,
Leinsamen, Kürbiskerne

Linsen
Kidneybohnen
Weiße Bohnen
Kichererbsen
Couscous
Quinoa
Haferflocken
Vollkornnudeln

Spirulina
Grünkohl
Rosenkohl
Brokkoli
Champignons
u.v.m.

Ersatz für Kuhmilch:

Mittlerweile gibt es zahlreiche Möglichkeiten, Kuhmilch z. B. mit Getreidemilch zu ersetzen, sodass für jeden Geschmack etwas dabei ist. Man sollte einfach mal verschiedene Milchsorten ausprobieren.

Zur Anregung nenne ich hier eine kleine Auswahl: Dinkelmilch, Hafermilch, Hirsemilch, Reismilch, Kokosmilch, Mandelmilch, Cashewmilch, 5-Kornmilch.

Es kommt immer darauf an, wofür ich die Milch verwende. Für Kartoffelpüree empfehle ich Hafermilch oder Dinkelmilch. Für Pudding schmeckt Mandelmilch, Kokosmilch, Reismilch oder Hirsemilch sehr gut.

Wichtige Hilfsmittel in der Küche:

Eine digitale Küchenwaage ist für die Rezepte sehr hilfreich. Die Mengenangaben sind für 2 Personen angegeben. Eine digitale Waage erleichtert die Dosierung, sodass das Kochen nach Rezeptanleitung gut gelingt.

Ein Mixer oder ein Stabmixer ist von großem Vorteil. Hiermit kann beispielsweise eine Cashewsahne hergestellt oder etwas püriert werden wie z. B. Soßen, Suppen oder ein Brotaufstrich aus Kichererbsen.

Zitronenzesten sind hauchdünne Streifen der äußersten Schale einer Zitrone. Diese können mit einem speziellen Zestenschäler oder mit einem scharfen Messer sehr dünn von der Zitronenschale heruntergeschnitten werden.

Mengenangabe:

TL = Teelöffel und EL = Esslöffel

Bei der Mengenangabe von Kräutersalz ist Folgendes zu beachten: Bei meinen Rezepten verwende ich ein Kräutersalz mit einem sehr hohen Kräuteranteil. Doch verschiedene Kräutersalze können unterschiedlich hohe Salzanteile beinhalten. Deshalb anfangs lieber geringer dosieren, sonst könnte das Essen versalzt werden.

Bei meinen Rezepten habe ich die Gemüsebrühe,das Kräutersalz und das Omega-3-Speiseöl (Rapsöl) von der Firma GEFRO verwendet.

Ein besonderes Gewürz für Desserts ist die Tonkabohne. Sie duftet nach Vanille und Bittermandeln und hat ein süßes, aber auch herbes Aroma. Tonkabohnen gibt es in Feinkostgeschäften oder im Gewürzladen.

Frühlingsrezepte

Radieschen mit Blüten und Frühlingskräutern

Zutaten für 2 Personen:

4 – 5 Radieschen

1 Handvoll frische Frühlingskräuter:
z. B. Blätter von Löwenzahn,
Gundermann, Giersch, Frauenmantel, Rucola, Sauerklee,
Petersilie, Blutsauerampfer und
bunte Blüten.

Zubereitung:

Radieschen waschen, putzen und in feine Stifte schneiden.

Kräuter waschen und trocken tupfen.
Radieschen und Kräuter auf einem Teller anrichten.

Damit der Eigengeschmack der Kräuter wahrgenommen
werden kann, empfehle ich, die Radieschen und die Kräuter
nicht zu würzen.
Ansonsten, je nach Belieben, Salatdressing hinzufügen.

Zubereitungszeit: 15 Minuten

Brotsalat mit gebratenen Zwiebeln und Knoblauchcroûtons

Zutaten für 2 Personen:

100 g Feldsalat
50 g Salat je nach Geschmack:
z. B. Radicchio
1 Tomate

Knoblauchcroûtons:

2 Scheiben altes Brot:
z. B. dunkles Körnerbrot
1 EL Olivenöl
1 Knoblauchzehe
1 rote Zwiebel

Kräuterdressing:

20 g frische Salatkräuter je nach
Geschmack: z.B. Schnittlauch,
Petersilie, Dill, Estragon, ...
2 EL Olivenöl
1 TL Zitronensaft
1 TL Kräutersalz
Pfeffer, Paprikapulver

Zubereitung:

Brot in Würfel schneiden. Knoblauch schälen und klein schneiden. Zwiebel schälen und in Ringe schneiden.

In einer Pfanne zuerst die Brotwürfel in Olivenöl anbraten, bis sie knusprig sind. Danach den Knoblauch dazugeben. Kurz anbraten. Die Knoblauchcroûtons auskühlen lassen.

Zwiebelringe in der Pfanne mit etwas Olivenöl ein paar Minuten braten.

In der Zwischenzeit die Salate waschen, trocken schleudern und in Stücke zupfen.
Tomate in Würfel schneiden und mit dem Salat auf Tellern verteilen.

Die gebratenen Zwiebel und die Knoblauchcroûtons auf dem Salat verteilen.

Salatkräuter waschen, trocken tupfen und klein schneiden. Mit allen Dressingzutaten mischen und über den Salat geben.

Zubereitungszeit: 20 Minuten

Wildkräutersalat mit Kürbiskern-Himbeerdressing

Zutaten für 2 Personen:

1 Handvoll Wildkräuter:
z. B. Brennnessel, Giersch,
Kapuzinerkresse, Löwenzahn,
Frauenmantel, Rucola,
Gundermann
Mit Kopfsalat ergänzen.

Himbeerdressing:

100 g Himbeeren (Gut geeignet
sind gefrorene Himbeeren; sie
geben mehr Saft ab.)
20 g Kürbiskerne
1 EL Kürbiskernöl
1 TL Zitronensaft
3 EL Apfelsaft
1 TL Kräutersalz

Zubereitung:

Kräuter waschen und trocken tupfen. Auf einem Teller
anrichten. Kürbiskerne grob hacken und über den Salat geben.

Die aufgetauten Himbeeren abtropfen lassen.
Einige Himbeeren auf dem Salat verteilen. Die restlichen
Himbeeren durch ein Sieb drücken und den Saft mit
Kürbiskernöl, Zitronensaft, Apfelsaft und Kräutersalz mischen.

Die Dressingsoße erst kurz vor dem Servieren über den Salat
verteilen.

Zubereitungszeit: 15 Minuten

Salatdressingsoßen

Zutaten für 2 Personen:

Currydressing fruchtig-scharf

3 Aprikosen
1 TL Currymischung
1 TL Kräutersalz, Chilipulver
1 TL Apfelessig
1 Prise Rosenpaprika
1 EL Öl je nach Geschmack

Salatdressing fruchtig-frisch

2 Aprikosen
½ TL Sonnenblumenöl
1 TL Apfelessig
1 TL Kräutersalz
Rosenpaprika
1 Prise Kurkuma
Pfeffer aus der Mühle
3 EL Wasser
Schnittlauchröllchen

Kräuterdressing cremig-fein

Verschiedene Gartenkräuter:
z.B.Schnittlauch, Petersilie, Kapuzinerkresse, Dill, Basilikum, Spinat, Giersch,
Kerbel, Estragon, Rucola
1 TL Kräutersalz, Rosenpaprika,
Pfeffer aus der Mühle
1 TL Apfelessig
1 TL Sonnenblumenöl
6 EL Hafersahne

Zubereitung:

Aprikosen waschen und Kerne entfernen. Aprikosen und
Gewürze in einem hohen Behälter mit einem Mixer cremig
mixen. Abschmecken. Über den gewünschten Salat geben.

Passt gut zu:
Kopfsalat, Endiviensalat

Zubereitung wie oben beschrieben.
Mit Schnittlauchröllchen verfeinern.

Passt gut zu:
Kopfsalat, Chicoréesalat, Feldsalat, Chinakohl

Gartenkräuter waschen, trocken schleudern, klein
schneiden oder hacken.

Die Zutaten zu einer Dressingsoße vermischen und die
gehackten Gartenkräuter unterheben.

Passt gut zu:
Gurkensalat, gemischten Salat

Karottensuppe mit Kokoscreme

Zutaten für 2 Personen:

250 ml Gemüsebrühe
250 g Karotten
1 Prise Rohrohrzucker
Pfeffer aus der Mühle
Rosenpaprika
1 Spritzer Zitronensaft
1 Stück Ingwer, ca. 2 cm
200 ml Kokosmilch

Zur Dekoration:
Blüten oder Karottenraspel

Zubereitung:

250 ml Gemüsebrühe in einem Topf erhitzen. Karotten schälen, in Scheiben schneiden und in der Gemüsebrühe kochen lassen, bis sie gar sind.

Ingwer schälen, in Würfel schneiden und mit den Gewürzen zu den Karotten geben. Kokosmilch hinzugeben und alles mit einem Mixer cremig mixen. Abschmecken und nochmals aufkochen lassen.

Mit Karottenraspeln oder Blüten garnieren.

Zubereitungszeit: 20 Minuten

Kohlrabisuppe mit Cashewsahne

Zutaten für 2 Personen:

1 Kohlrabi
50 g Cashewkerne
50 ml Wasser
150 ml Gemüsebrühe
1 EL Öl

Zur Dekoration:
10 – 15 junge Gundermannblättchen oder
Etwas Petersilie

Zubereitung:

Kohlrabi schälen, zuerst in Scheiben, dann in dünne Stifte schneiden. Gundermannblättchen oder Petersilie waschen und trocken tupfen.

Cashewkerne mit 50 ml Wasser ca. 1 Minute in einem Mixer zu einer cremigen Sahne mixen.

Kohlrabistifte in Öl 2 Minuten dünsten. Mit Gemüsebrühe aufgießen, Cashewsahne untermischen und abschmecken.

Mit Gundermannblättchen oder Petersilie garnieren.

Zubereitungszeit: 15 Minuten

Radieschensuppe - frisch und knackig

Zutaten für 2 Personen:

1 Bund Radieschen mit <u>frischen,</u>
grünen Blättern! Davon ca. 100 g
Blätter oder mehr
100 g Radieschen
1 EL Omega-3-Speiseöl
1 EL Agavendicksaft
400 ml Gemüsebrühe
1 Spritzer Zitronensaft
30 g Cashewkerne
Pfeffer aus der Mühle

Zubereitung:

Radieschen und Blätter waschen. Blätter in Streifen schneiden und Radieschen klein würfeln.

Gemüsebrühe, Zitronensaft, Cashewkerne und etwas Pfeffer in einem hohen Gefäß mit einem Mixer ca. 1 Minute mixen.

Blätter von den Radieschen in Öl kurz dünsten. Agaven-dicksaft dazugeben und mit der Cashewsahne aufgießen.

Je nach Geschmack würzen.

Die klein gehackten Radieschen erst vor dem Servieren dazugeben. Die Radieschen verlieren sonst schnell ihre rote Farbe.

Zubereitungszeit: 20 Minuten

Dinkelvollkornnudeln mit Kopfsalat und Rosmarin

Zutaten für 2 Personen:

200 g Dinkelvollkornnudeln:
z. B. Spirelli
½ Kopfsalat
1 EL Olivenöl
Einige Zweige Rosmarin
Kräutersalz
Rosenpaprika
Etwas Zitronenpfeffer
(Rezept siehe unten.)

Herstellung von Zitronenpfeffer:

20 g bunte, ganze Pfefferkörner
Schale von 2 unbehandelten
Bio-Zitronen

Bio-Zitronen heiß waschen. Die
Zitronenschale möglichst ohne weiße
Haut abschälen.
Einige Tage trocknen lassen.

Die Pfefferkörner mit der getrockneten
Zitronenschale in einem kleinen Mixer
mit Mahlfunktion fein mahlen.

Zitronenpfeffer in einen Behälter
geben, der zum Würzen geeignet ist.

Zubereitung:

Dinkelvollkornnudeln nach Packungsanweisung in reichlich
Salzwasser kochen. In einem Sieb abschütten und abtropfen
lassen.

Kopfsalat waschen, abtropfen lassen, in größere Stücke zupfen.
Rosmarin waschen.

Olivenöl erhitzen, Kopfsalat und Rosmarin dazugeben und kurz
erwärmen, bis der Kopfsalat leicht zusammenfällt.
Mit den Gewürzen würzen.

Nudeln in einen Teller geben und die Kopfsalat-Rosmarin-
Mischung darauf verteilen.

Mit Zitronenpfeffer abschmecken.

Zubereitungszeit: 30 Minuten

Kartoffeln gebacken mit indischer Würzmischung, Zuckerschoten, Karotten und Rosenkohl

Zutaten für 2 Personen:

Kartoffeln gebacken mit indischer Würzmischung:

500 g mittelgroße Kartoffeln
1 TL Koriander
1 TL Kurkuma
1 TL Chilipulver
1 TL Rosenpaprika
2 TL Kräutersalz
1 Prise Zimt
1 Prise Nelken
4 EL Olivenöl

Hinweis:

Die Mengenangaben von dem Gemüse variiert – je nachdem, ob nur eine Gemüsesorte verwendet wird oder mehrere.

Zubereitung:

Kartoffeln gebacken:

Backofen auf 180 Grad vorheizen.

Kartoffeln waschen, der Länge nach halbieren.
Aus den Gewürzen und dem Öl eine Mischung zubereiten. Die Kartoffeln damit von allen Seiten einstreichen.
Die Kartoffeln mit der Schnittstelle nach oben auf ein mit Backpapier ausgelegtes Backblech legen.
Im Backofen ca. 15 – 20 Minuten backen.
In der Zwischenzeit das Gemüse zubereiten.

Zuckerschoten:

100 – 150 g Zuckerschoten
1 abgeriebene Zitronenschale
Kräutersalz

Zuckerschoten waschen und putzen.
In Salzwasser bissfest garen. Wasser abschütten.
Mit Kräutersalz und abgeriebene Zitronenschale würzen.
Mit dem Öl der fertigen Kartoffeln beträufeln.

Karotten:

200 – 300 g Karotten
2 EL Omega-3-Speiseöl
1 Zwiebel, Curry, Kräutersalz
Einige Stängel Dill

Karotten schälen und in schräge Streifen schneiden.
Zwiebel schälen und in Ringe schneiden.
Karotten und Zwiebel in Öl bissfest dünsten.
Mit Curry und Kräutersalz würzen.
Dill waschen, in Stücke zupfen und über die Karotten geben.

Rosenkohl:

150 – 200 g Rosenkohl
100 g Mandelblättchen
1 EL Buchweizen

Rosenkohl waschen und putzen. In Salzwasser bissfest garen, Wasser abschütten. Die Mandeln mit Buchweizen in einer Pfanne ohne Fett rösten, bis sie duften. Über den Rosenkohl geben.

Zubereitungszeit:
30 Minuten

Backzeit:
15 – 20 Minuten

Spargel mit Frühlingszwiebeln und Polentaschnitten

Zutaten für 2 Personen:

Spargel:
350 g Spargel
150 g Frühlingszwiebeln
Saft von ½ Zitrone
4 EL Olivenöl
1 EL Agavendicksaft
2 EL Spargelwasser
Kräutersalz, Pfeffer

Polentaschnitten:
80 g Maisgrieß (Polenta)
300 ml Gemüsebrühe kräftig gewürzt

Omega-3-Speiseöl zum Anbraten

Backpapier ca. 38 x 42 cm

Ergibt ca. 25 Stück

Zum Verfeinern:
Rosmarin oder Salbei
Schale von ¼ Zitrone

Zubereitung:

Maisgrieß in die kochende Gemüsebrühe einstreuen, Hitze reduzieren und ca. 5 Minuten unter Rühren kochen lassen. Topf zur Seite stellen und 20 Minuten ausquellen lassen.

Die Polentamasse auf ein Backpapier geben.
Die andere Hälfte des Backpapiers darüberlegen und mit den Händen flach drücken. Die Höhe der Polentamasse sollte ca. 1 cm hoch sein. Auskühlen lassen.

In der Zwischenzeit den Spargel schälen und in Salzwasser ca. 15 Minuten kochen, bis er gar ist.

Frühlingszwiebel waschen, in 1 cm dicke Ringe schneiden.

Die Polentaschnitten mit einem Ausstecher (z. B. in Rautenform) ausstechen und in Öl in einer beschichteten Pfanne auf beiden Seiten knusprig anbraten.

Gleichzeitig die Frühlingszwiebeln in Olivenöl kurz anbraten. Agavendicksaft, Zitronensaft und 2 EL Spargelwasser hinzufügen. Mit Kräutersalz und Pfeffer würzen und abschmecken.

Polenta mit Kräutern belegen und die Frühlingszwiebeln über den Spargel geben.
Mit geriebener Zitronenschale verfeinern.

Zubereitungszeit: 45 Minuten

Spargel mit Dillsoße und Kartoffeln mit Hanfsamen

Zutaten für 2 Personen:

350 g Spargel
5 g Dill (einige frische Stängel)
2 EL Walnussöl
2 EL Spargelwasser
1 TL Kräutersalz
Pfeffer
2 TL Hanfsamen
10 kleine Kartoffeln

Tipp:
Hier passt gut ein gemischter Salat dazu.

Zubereitung:

Spargel schälen und in Salzwasser ca. 15 Minuten kochen, bis er gar ist.

Kartoffeln schälen und in Salzwasser kochen, bis sie gar sind. In einem Sieb abschütten.

Dill waschen und in kleine Stücke zupfen.

Walnussöl erwärmen. Mit Spargelwasser, Kräutersalz, Pfeffer und Hanfsamen gut verrühren. Abschmecken. Dillkräuter hinzufügen.

Spargel und Kartoffeln mit der Dillsoße servieren.

Zubereitungszeit: 30 Minuten

Schokopudding mit Erdbeeren

Zutaten für 2 Personen:

500 ml Mandel-, Reis- oder Hirsemilch
40 g Rohrohrzucker
40 g Speisestärke
3 – 4 TL Kakao
½ Tonkabohne gerieben

Zur Dekoration:
4 – 5 Erdbeeren oder
Schokoladenraspel

Tipp:
Zum Verzieren eignen sich auch
Dinkelvollkorn-Nussküsschen, die
zerbröselt werden.
(Siehe Winterrezepte, Desserts & Kuchen.)

Zubereitung:

400 ml von der Milch in einem Topf zum Kochen bringen.

Rohrohrzucker, Speisestärke, Kakao und geriebene Tonkabohne mit der restlichen Milch verrühren.

Wenn die Milch kocht, Topf vom Herd nehmen und die angerührte Puddingmischung langsam einrühren.
Danach kurz aufkochen lassen.

Einige Minuten abkühlen lassen und in Gläser füllen.

Wenn der Pudding kalt ist, mit Erdbeeren oder Schokoladenraspel verzieren.

Zubereitungszeit: 20 Minuten
Ruhezeit: 3 Stunden bei Zimmertemperatur

Vanillepudding mit Erdbeer-Aroniacreme

Zutaten für 2 Personen:

500 ml Mandel-, Reis- oder Hirsemilch
30 g Rohrohrzucker
40 g Speisestärke
½ TL Vanillepulver gemahlen
Schale von ½ Zitrone
3 – 5 Erdbeeren
50 ml Aroniasaft
1 TL Agavendicksaft
5 TL Chia-Samen

Zubereitung:

Vanillepudding ebenso wie Schokopudding zubereiten, jedoch statt des Kakaos das Vanillepulver und die Zitronenschale unterrühren.

Ebenfalls in Gläser füllen und erkalten lassen.

Erdbeeren waschen und klein schneiden.
Mit Aroniasaft, Agavendicksaft und Chia-Samen verrühren.
1 Stunde andicken lassen.
Wenn es geliert und angedickt ist, die Erdbeer-Aroniacreme auf dem Vanillepudding verteilen.

Zubereitungszeit: 20 Minuten
Ruhezeit: 3 Stunden bei Zimmertemperatur

Karotten-Mandelschnitten

Zutaten:

**Für eine rechteckige Auflauf-
form oder ein kleines Backblech, Fläche ca. 15 x 15 cm:**

80 g Margarine
40 – 50 g Rohrohrzucker
1 Prise Salz
3 EL Apfelsaft
1 EL Zitronensaft
Schale von ¼ Zitrone gerieben
80 g Weizenmehl
80 g Mandeln gemahlen
2 TL Backpulver
1 EL Leinsamen geschrotet
1 EL Maisgrieß
150 g Karotten
2 EL Sonnenblumenkerne

Glasur:
1 EL Zitronensaft
Puderzucker

Ergibt ca. 9 Kuchenschnitten

Zubereitung:

Backofen auf 180 Grad vorheizen.

Karotten schälen und mit einem Hobel fein raspeln.

Margarine und Rohrohrzucker mit einem elektrischen
Handrührgerät schaumig rühren.
Alle Zutaten der Reihe nach zufügen und weiterrühren.
Die Karottenraspel und die Sonnenblumenkerne unterheben.

Den Teig in eine mit Backpapier ausgelegte Auflaufform geben
und glatt streichen.
Oder auf ein mit Backpapier ausgelegtes Backblech geben.
Den Teig darauf streichen. Fläche ca. 15 x 15 cm.

Bei 180 Grad ca. 40 Minuten backen.
Auskühlen lassen.

Puderzucker und Zitronensaft verrühren, bis eine dickflüssige
Glasur entsteht.
Glasur auf die Oberfläche verteilen und trocknen lassen.
Danach in Schnitten schneiden.

Zubereitung: 30 Minuten
Backzeit: 40 Minuten

Nussecken

Zutaten für ½ Backblech:

Mürbeteig:
150 g Dinkelvollkornmehl
1 TL Backpulver
60 g Rohrohrzucker
¼ TL Vanillepulver gemahlen
2 EL Leinsamenschrot
25 ml heißes Wasser
70 g Margarine
Backpapier für das Backblech

Nussbelag:
100 g Margarine
100 g Rohrohrzucker
½ Tonkabohne gerieben
100 g Mandeln gemahlen
100 g Haselnüsse gemahlen

Schokoglasur:
50 g vegane Kuvertüre Zartbitter oder
Vollmilch

Ergibt ca. 9 - 10 Stück

Zubereitung:

Die Zutaten für den Mürbeteig in einer Schüssel mischen.
Mit den Händen schnell zu einem glatten Teig kneten.
Im Kühlschrank ruhen lassen.

In der Zwischenzeit den Nussbelag herstellen.
Margarine in einem mittelgroßen Topf schmelzen lassen,
Rohrohrzucker hinzufügen. Unter ständigem Rühren
Mandeln und Haselnüsse dazugeben – so, dass sich alles
gut miteinander verbindet. Abkühlen lassen.

Backofen auf 180 Grad vorheizen.

Backpapier auf das Backblech legen.
Auf die Hälfte des Backblechs den Mürbeteig mit den
Händen flach drücken, ca. 2 cm Höhe.
Den Nussbelag auf den Mürbeteig geben und gleichmäßig
verteilen.

Bei 180 Grad ca. 30 Minuten backen.
Danach auf einem Rost auskühlen lassen.

Das Gebäck in 8 x 8 cm große Quadrate schneiden.
Danach diagonal halbieren – so, dass Dreiecke entstehen.

Kuvertüre in einem Wasserbad schmelzen.
Die Nussecken damit bestreichen und trocknen lassen.

Zubereitungszeit: 30 Minuten
Ruhezeit: 30 Minuten
Backzeit: 30 Minuten

Sommerrezepte

Birnen-Gurkensalat mit Gundermannblättchen

Zutaten für 2 Personen:

½ Salatgurke
1 Birne
10 kleine Gundermannblättchen
(Wenn möglich, kleine ernten;
sie sind vom Geschmack nicht so
herb.)
6 Blätter Blutsauerampfer
<u>Junge</u> Löwenzahnblätter
1 TL Kräutersalz
1 TL Zitronensaft
1 EL Olivenöl
Etwas Rohrohrzucker

Zubereitung:

Gundermannblättchen, Blutsauerampfer und Löwenzahnblätter waschen und trocken tupfen.
Salatgurke und Birne waschen und in kleine Würfel schneiden. Beides mischen und auf zwei Tellern anrichten.
Die Kräuter dekorativ auf den Salat legen.
Kräutersalz, Zitronensaft und Olivenöl mischen und über den Salat träufeln.
Mit den Fingerspitzen etwas Rohrohrzucker über den Salat streuen.

Tipp:
Sofort servieren, dann schmeckt der Salat besonders gut. Die Kristalle des Rohrohrzuckers knuspern noch und jedes einzelne Aroma schmeckt optimal in dieser Kombination: herb – fruchtig – frisch – süß – sauer!

Zubereitungszeit: 15 Minuten

Couscoussalat mit Wildkräutern

Zutaten für 2 Personen:

50 g Couscous
50 g Karotten
¼ Mango
½ Apfel
½ Salatgurke
1 Stück Ingwer, ca. 1 cm
20 g frische Kräuter: z. B. Giersch,
Sauerampfer, Gundermann, kleiner
Wiesenknopf, Brennnessel,
Zitronenmelisse, Minze, Petersilie …

Dressingsoße:
3 EL Zitronensaft
1 TL Agavendicksaft
Rosenpaprika
Pfeffer aus der Mühle
3 TL Kräutersalz
1 EL Olivenöl

Zur Dekoration:
Minzeblättchen
Blüten

Zubereitung:

Couscous nach Packungsanweisung zubereiten.

Karotten und Mango schälen.
Salatgurke waschen, Apfel waschen und Kerngehäuse
entfernen.
Karotten, Salatgurke, Apfel und Mango in kleine Würfel
schneiden.
Ingwer schälen und in sehr feine Würfel schneiden.

Kräuter waschen, trocken tupfen und klein hacken.

Die Zutaten für die Dressingsoße mischen, kräftig
abschmecken und über die Obst-Gemüsewürfel geben.

Gehackte Kräuter und Obst-Gemüsemischung mit
Couscous mischen.
Im Kühlschrank etwas ziehen lassen.

Mit Blüten und Minzeblättchen servieren.

Zubereitungszeit: 20 Minuten

Kohlrabiblumen

Zutaten für 2 Personen:

1 kleine Kohlrabi
50 g kleine Rucolablätter
1 kleine Tomate

Dressingsoße:
2 EL Erdnussöl
1 TL Rohrohrzucker
1 EL Zitronensaft
Zitronenschalenzesten von
¼ Bio-Zitrone
1 TL Kräutersalz
Pfeffer aus der Mühle

Tipp:
Wer gerne einen Kräuterdressing möchte, mischt zu der Dressingsoße verschiedene, frische, gehackte Kräuter: z. B. Schnittlauch, Petersilie, Sauerampfer, frischer, junger Giersch, Minzeblättchen, Knoblauchsrauke, Blätter von Gundermann und jungem Löwenzahn.

Zubereitung:

Kohlrabi schälen und in hauchdünne Scheiben hobeln.
Mit einem Plätzchenausstecher kleine Blumen ausstechen.
(Es kann auch jede andere Form ausgestochen werden.)

Rucola und Tomate waschen.
Tomate in Scheiben schneiden.

Rucola und Tomatenscheiben auf einen flachen Teller geben. Mit den Kohlrabiblumen dekorieren.

Die Zutaten für die Dressingsoße mischen.
Dressingsoße über den Salat verteilen.

Zubereitungszeit: 20 Minuten

Tipp:
Ich ehre und achte die Natur mit ihren Gaben sehr. Um alles, was uns die Erde schenkt, verarbeiten zu können, empfehle ich, aus dem Rest der ausgestochenen Kohlrabischeiben eine Kohlrabisuppe mit Cashewsahne zu zaubern. (Siehe Frühlingsrezepte, Suppen.)

Avocado-Tomatensalsa mit knusprigem Brot

Zutaten für 2 Personen:

1 Avocado
1 EL Zitronensaft
2 Tomaten
2 Scheiben Brot

Dressingsoße:
2 EL Olivenöl
1 EL Zitronensaft
Kräutersalz, Pfeffer

Zur Dekoration:
Zitronenzesten
Pfeffer

Tipp:
Um eine runde Brotform zu erhalten, die Brotscheiben einfach mit einem Saftglas ausstechen.

Zubereitung:

Avocado schälen, halbieren und den Kern herauslösen. In feine Scheiben schneiden und <u>sofort</u> mit dem Zitronensaft übergießen.

Tomaten in kleine Würfel schneiden. Avocado und Tomatenwürfel auf Tellern verteilen.

Für die Dressingsoße alles zusammenmischen, abschmecken und über die Tomatenwürfel geben.

Tellerrand mit Zitronenzesten und Pfeffer dekorieren.

Die Brotscheiben toasten.

Zubereitungszeit: 15 Minuten

Gemüsesuppe italienische Art

Zutaten für 2 Personen:

1 Zwiebel
1 Karotte
20 g getrocknete Tomaten geschnitten
2 EL Olivenöl
1 TL Agavendicksaft
100 g Zucchini
50 g Salatgurke
2 EL Tomatenmark
600 ml Gemüsebrühe

Zum Verfeinern:
Frisches Rosmarin, Oregano, Basilikum

Zubereitung:

Zwiebel und Karotte schälen und in Würfel schneiden.
Zucchini und Salatgurke waschen und ebenfalls in Würfel schneiden.
Das Olivenöl in einem Topf erhitzen, Zwiebel- und Karottenwürfel kurz dünsten.
Tomatenmark und Agavendicksaft hinzugeben und mit der Gemüsebrühe aufgießen.
Kurz kochen lassen. Dann erst die Zucchini und die Salatgurke dazugeben.

Mit Kräutern nach Wahl verfeinern.

Zubereitungszeit: 20 Minuten

Rote-Bete-Suppe mit Kokoscreme und Rosenblüten

Zutaten für 2 Personen:

250 g Rote Bete
200 ml Kokosmilch
250 ml Gemüsebrühe
Pfeffer aus der Mühle

Zur Dekoration:
Essbare Rosenblüten

Zubereitung:

Rohe Rote Bete schälen und in grobe Würfel schneiden. Zusammen mit der Kokosmilch in einem hohen Mixbehälter mixen, bis alles cremig und püriert ist.

Die Rote-Bete-Suppe mit 250 ml Gemüsebrühe in einem Topf erhitzen, jedoch <u>nicht</u> kochen! Abschmecken.

Auf Teller geben und mit Rosenblättern dekoriert servieren.

Zubereitungszeit: 15 Minuten

Blumenkohl mit Nusshaube und Kräuterkartoffeln

Zutaten für 2 Personen:

2 kleine oder 1 großer Blumenkohl
400 g Kartoffeln
300 ml Gemüsebrühe
50 g Nussmischung: z. B. Mandeln,
Erdnüsse, Paranüsse, Walnüsse,
Cashewkerne ...
3 EL Erdnussöl oder
Sonnenblumenöl
1 EL Senfsaat gelb
Kräutersalz
frischer Pfeffer aus der Mühle

Für die Kartoffeln:
2 EL Schnittlauchröllchen
Koriander

Tipp:
Hier passt auch eine
Cashewsahnesoße dazu.
80 g Cashewnüsse mit 150 ml
Gemüsebrühe mit einem Mixer
cremig mixen.
Wer mag, kann noch Kräuter
hinzufügen.

Zubereitung:

Blumenkohl waschen und die Blätter entfernen.
Den Blumenkohl in einen großen Topf setzen.
Die Gemüsebrühe ca. 3 – 4 cm hoch
dazugeben – so, dass der Boden gut bedeckt ist.
10 – 15 Minuten garen.

Kartoffeln schälen und halbieren. In Salzwasser kochen.
In der Zwischenzeit die Nussmischung grob hacken.

Nussmischung mit Öl und Senfsaat in einer Pfanne bei
mittlerer Hitze ca. 3 Minuten goldgelb rösten.
Aus der Pfanne herausnehmen, damit sie nicht zu dunkel
werden. Mit Kräutersalz und Pfeffer würzen.

Den Blumenkohl auf einer Platte mit den Kartoffeln anrichten.
Die Nussmischung auf dem Blumenkohl verteilen.
Kräuter über die Kartoffeln geben und servieren.

Zubereitungszeit:
30 Minuten ohne Cashewsahnesoße
45 Minuten mit Cashewsahnesoße

Fenchelgemüse fruchtig-scharf mit Apfelscheiben und Basmatireis

Zutaten für 2 Personen:

150 g Basmatireis
400 g Fenchel
1 Karotte
2 EL Olivenöl
1 TL Agavendicksaft
1 Stück Ingwer, ca. 1 cm Stück
200 ml Apfelsaft
50 ml Gemüsebrühe
1 Apfel
1 kleines Stück frische Chilischote
Kräutersalz, Pfeffer

Zur Dekoration:
Fenchelgrün oder Petersilie

Tipp:
Die Hälfte der Menge des gekochten Basmatireises mit Kurkuma würzen. Den gelben Reis in eine kleine Schüssel geben. Den restlichen weißen Reis ebenfalls darauf geben. Den Teller auf die Schüssel legen und stürzen.
Erst danach das Fenchelgemüse auf den Teller geben und dekorieren.

Zubereitung:

Basmatireis nach Packungsanweisung kochen.
Wenn er gar ist, in ein Sieb geben und abtropfen lassen.

Fenchel waschen und in 1 cm breite, schräge Streifen schneiden.
Apfel waschen, Kerngehäuse entfernen und in Scheiben schneiden.
Karotte schälen und in schräge Scheiben schneiden.
Ingwer schälen, in kleine Würfel schneiden.
Chilischote entkernen und in kleine Stücke schneiden.

Olivenöl in einer Pfanne erhitzen. Fenchel und Karotten in Öl einige Minuten anbraten.
Agavendicksaft, Ingwer und Chilischote dazugeben und mit dem Apfelsaft und der Gemüsebrühe ablöschen.
Mit den Gewürzen würzen und nur kurz garen.
Apfelstücke dazugeben und in der Soße nur noch erwärmen, nicht mehr kochen lassen!

Den Reis mit dem Fenchelgemüse zusammen servieren.

Mit Fenchelgrün oder Petersilie dekorieren.

Zubereitungszeit: 40 Minuten

Paprikaschote gefüllt mit Quinoa und Gemüsesoße

Zutaten für 2 Personen:

Gefüllte Paprikaschoten:
2 große Paprikaschoten
70 g Quinoa
½ Zucchini
1 Zwiebel
1 Karotte
1 EL Omega-3-Speiseöl
1 TL Agavendicksaft
1 EL Sonnenblumenkerne
1 TL Curry, 2 TL Kräutersalz
Pfeffer, Paprikagewürz

Gemüsesoße:
Wurzelgemüse:
je 100 g Sellerie, Lauch und Karotten
1 Zwiebel, 1 Knoblauchzehe
1 EL Agavendicksaft
1 EL Tomatenmark
1 TL Rosenpaprika
1 TL Curry
500 ml Gemüsebrühe

Zubereitung:

Mit der Gemüsesoße beginnen!
Das Gemüse waschen oder schälen und in große Stücke schneiden. Leicht dünsten.
Agavendicksaft, Tomatenmark und Gewürze dazugeben.
Mit Gemüsebrühe ablöschen und ca. 30 Minuten schmoren lassen.

Für die gefüllten Paprikaschoten Quinoa nach Packungsanweisung garen. In ein feines Sieb geben und abtropfen lassen.

Karotte, Zwiebel und Zucchini klein würfeln.
Sonnenblumenkerne ohne Fett leicht rösten.
Öl, Karotten- und Zwiebelwürfel dazugeben und leicht mitdünsten.
Agavendicksaft und Zucchiniwürfel dazugeben und sofort von der Herdplatte nehmen, damit die Zucchini knackig bleiben!

Das Gemüse mit Quinoa mischen und würzen, solange die Masse noch warm ist.
Die Paprikaschote der Länge nach halbieren oder oben einen Deckel abschneiden und die Quinoamasse in die Paprikaschoten füllen.

Paprikaschoten zusammen mit der Gemüsesoße in eine feuerfeste Form setzen und ca. 30 – 45 Minuten im Backofen bei 180 Grad garen.
Oder in einem Topf mit Deckel auf der Herdplatte ca. 15 – 20 Minuten garen.

Zubereitungszeit: 45 Minuten

Tortellini mit frischem Salbei Paprika, Tomaten und Oliven

Zutaten für 2 Personen:

250 g vegane Tortellini aus der Packung (Diese gibt es fertig im Reformhaus zu kaufen.)
3 Tomaten
½ rote Paprikaschote
½ gelbe Paprikaschote
4 EL Olivenöl
ca. 40 mittelgroße Salbeiblätter
10 Oliven
100 ml Gemüsebrühe
1 EL italienische Kräutermischung:
z. B. Oregano, Basilikum, Majoran, Rosmarin, Petersilie, Thymian …
Kräutersalz
Rosenpaprika
Pfeffer aus der Mühle

Zubereitung:

Tortellini nach Packungsanweisung in reichlich Salzwasser kochen. In ein Sieb geben und abtropfen lassen.

Tomaten und Paprikaschoten waschen.
Die Kerne der Paprikaschoten entfernen.
Tomaten und Paprikaschoten in grobe Würfel schneiden.

Salbeiblätter waschen und trocken tupfen.

In einer Pfanne Olivenöl erhitzen und Paprikawürfel leicht andünsten.
Tomatenwürfel und Salbeiblätter dazugeben und kurz anbraten.
Oliven und Tortellini in die Pfanne geben.
Mit der Gemüsebrühe aufgießen.

Je nach Geschmack eine italienische Kräutermischung mischen.
Alle Gewürze über die Tortellini streuen und abschmecken.

Zubereitungszeit: 30 Minuten

Champignons knusprig paniert mit Kartoffel-Gurkensalat

Zutaten für 2 Personen:

Panierte Champignons:
200 g ganze Champignons
200 ml Wasser
150 g Dinkelvollkornmehl
1 EL Gemüsebrühepulver
Muskatnuss, Pfeffer

Panade:
1 EL Petersilie, 2 EL Rucola,
½ TL Paprikapulver
Koriander
Kräutersalz
40 g Semmelbrösel
Küchenpapier

Kartoffel-Gurkensalat:
500 g Salatkartoffeln
½ Salatgurke
100 ml Gemüsebrühe
2 EL Apfelessig
1 EL Omega-3-Speiseöl
(Rapsöl gibt eine schöne gelbe
Farbe)

Tipp:
Statt der Champignons können
auch Zucchinischeiben paniert
werden. Hierfür die Zucchini der
Länge nach in 1 cm dicke Scheiben
schneiden und wie beschrieben
panieren.

Zubereitung:

Für den Kartoffelsalat Kartoffeln mit Schale in Wasser
dämpfen, bis sie gar sind. Etwas abkühlen lassen.

Die Kartoffeln pellen und in dünne Scheiben schneiden.
In eine Salatschüssel geben.
Gurke waschen. Mit Schale in sehr dünne Scheiben hobeln
und zu den Kartoffeln geben.
Mit Gemüsebrühe und Essig mischen.
Das Öl erst ganz zum Schluss dazugeben, damit der Salat einen
Glanz bekommt. Abschmecken.

Für die panierte Champignons, Champignons putzen.
Wasser, Mehl, Gemüsebrühepulver, etwas Muskatnuss und
Pfeffer zu einem glatten Teig rühren. Sehr kräftig würzen.

Kräuter waschen, trocken schleudern und zusammen mit den
Semmelbröseln im Mixer zerkleinern.

Die ganzen Champignons einzeln in den Teig tauchen.
Danach in der Semmelbrösel-Kräutermischung
wälzen – so, dass sie rundherum damit bedeckt sind.

Reichlich Öl in einer Pfanne erhitzen.
Die panierten Champignons von allen Seiten ca. 5 Minuten
backen, bis sie goldgelb sind.
Auf ein Küchenpapier legen und abtropfen lassen.

Zusammen mit dem Kartoffel-Gurkensalat servieren.

Zubereitungszeit: 50 Minuten

Maisgrießtaler mit Blütenrand und Früchten der Saison

Zutaten für 2 Personen:

60 g Maisgrieß
300 ml Hirsemilch
1 EL Rohrohrzucker
½ TL abgeriebene Zitronenschale
1 Stück Backpapier, ca. 30 x 35 cm
2 – 3 EL Blütenmischung
(Diese gibt es im Reformhaus
zu kaufen.)
Oder selbst gemachte
Blütenmischung (Rezept siehe unten.)
100 g – 150 g frische Früchte
der Saison: z. B. Nektarinen
Etwas Rohrohrzucker

Zur Dekoration:
4 Minzeblättchen

Herstellung von Blütenmischung:

Blüten aus dem Garten sammeln:
z. B. Ringelblumen, Kornblumen,
Rosenblüten, Gänseblümchen,
Stiefmütterchen, Malven,
Hornveilchen …
Trocknen lassen. Getrocknete Blüten
mit den Händen zerreiben.
Mit 2 EL Rohrohrzucker und
½ TL gemahlener Vanille mischen.

Zubereitung:

Hirsemilch mit Rohrohrzucker und der abgeriebenen
Zitronenschale in einem Topf aufkochen lassen.
Maisgrieß langsam einstreuen und umrühren.
Auf niedriger Temperatur unter ständigem Rühren
5 Minuten kochen.
10 Minuten ausquellen lassen.

Den noch warmen Maisgrieß auf ein ca. 30 x 35 cm großes
Stück Backpapier geben und zu einer Rolle formen.
Durchmesser ca. 4 cm.
Erkalten lassen.

Wenn die Maisgrießrolle erkaltet ist, aus dem Backpapier
auswickeln.
Die Blütenmischung auf einen Teller streuen und die
Maisgrießrolle darin wälzen.
Von der Rolle ca. 2 cm dicke Scheiben schneiden.

Die Nektarinen waschen, entkernen und in dünne Scheiben
schneiden. Zusammen mit etwas Rohrohrzucker in einem
kleinen Topf kurz dünsten.

Die Nektarinen und Maisgrießtaler auf einen Teller geben
und mit den Minzeblättchen dekorieren.

Zubereitungszeit: 30 Minuten
Ruhezeit: 1 Stunde

Dinkelgrießkuchen mit Birnen

Zutaten:
Für eine kleine Springform, 20 cm:

130 g Dinkelgrieß
60 g Mandeln gemahlen
60 g Haselnüsse gemahlen
30 g Dinkelvollkornmehl
1 EL Leinsamen geschrotet
½ Päckchen Backpulver (3 TL)
70 g Rohrohrzucker
¼ TL Vanille gemahlen
Abgeriebene Zitronenschale
(Menge je nach Geschmack)
150 ml Mandel- oder Reismilch
300 g frische Birnen

Für eine große Springform, 26 cm,
die doppelte Menge verwenden.

Tipp:
Schmeckt auch sehr gut mit Kirschen.
Hierfür ca. 250 g Kirschen verwenden.

Zubereitung:

Backofen auf 180 Grad vorheizen.

Alle trockenen Zutaten in einer Schüssel mischen.
Mandel- oder Reismilch hinzugeben und mit einem
elektrischen Rührgerät rühren, bis ein dickflüssiger Teig
entsteht.

Birnen schälen, vierteln und Kerngehäuse entfernen.
In ca. 2 – 3 cm große Stücke schneiden und unter den Teig
mischen.

Den Teig in eine mit Backpapier ausgelegte Springform
geben und im Backofen ca. 45 Minuten bei 180 Grad
backen.

Abkühlen lassen und aus der Form nehmen.

Zubereitungszeit: 25 Minuten
Backzeit: 45 Minuten

Lavendelherzen

Zutaten für ca. 30 – 40 Plätzchen:

Mürbeteig:
120 g Margarine
30 g Rohrohrzucker
½ TL Vanille gemahlen
1 Prise Salz
1 – 2 EL frische Lavendelblüten
(oder getrocknet)
170 g Weizenmehl
Abgeriebene Zitronenschale
(Menge je nach Geschmack)

Puderzuckerglasur:
1 EL Puderzucker
Zitronensaft

Zubereitung:

Alle Zutaten zu einem Mürbeteig kneten:
Zuerst mit einer Gabel alle Zutaten in einer Schüssel mischen. Danach mit den Händen kneten, bis ein geschmeidiger Teig entsteht.
30 Minuten kühl stellen.

Teig ca. 0,5 cm hoch auswalken.
Plätzchen ausstechen und auf ein mit Backpapier ausgelegtes Backblech legen.
Bei 180 Grad 10 Minuten backen.
Auskühlen lassen.

Puderzucker und Zitronensaft verrühren – so, dass eine dickflüssige Glasur entsteht.
Die Plätzchen damit glasieren. Trocknen lassen.

Zubereitungszeit: 20 Minuten
Ruhezeit: 30 Minuten
Backzeit: 10 Minuten

Herbstrezepte

Fenchel-Apfelsalat

Zutaten für 2 Personen:

1 Fenchel
1 Apfel

Salatdressing:
100 ml Apfelsaft
1 EL Zitronensaft
1 TL Agavendicksaft
Kräutersalz, Pfeffer
2 EL Olivenöl

Zum Dekorieren:
Zitronenverbene oder Minzeblättchen

Zubereitung:

Fenchel waschen, den Strunk entfernen und in sehr dünne Scheiben hobeln.
Apfel waschen, vierteln, Kerngehäuse entfernen und der Länge nach ebenfalls in sehr dünne Scheiben hobeln.

Auf 2 Tellern die Fenchelscheiben fächerartig schichten. Obenauf die Apfelscheiben ebenso fächerartig darüber schichten.

Die Dressingzutaten gut mischen und über den Salat geben.

Mit Zitronenverbene oder Minzeblättchen garnieren.

Zubereitungszeit: 15 Minuten

Gurken-Birnentürmchen

Zutaten für 2 Personen:

1 kleine Birne
¼ Salatgurke
1 Stück Ingwer, ca. 2 cm
2 EL Erdnussöl
1 EL Ahorndicksaft
Kräutersalz und Pfeffer
20 g Erdnusskerne

Zubereitung:

Birne schälen. Beim dicken Ende der Birne beginnend in hauchdünne Scheiben hobeln.

Die Kerne aus der Mitte der Birnenscheiben vorsichtig ausschneiden.
Salatgurke waschen und ebenfalls in hauchdünne Scheiben hobeln. Auf 2 Tellern die Birnen- und Salatgurkenscheiben abwechselnd zu je einem Turm schichten.

Ingwer schälen und in dünne Scheiben schneiden. In Erdnussöl anbraten, bis er eine goldgelbe Farbe bekommt.
Sofort Ahorndicksaft dazugeben.
Den Ingwer und die Soße über die Türmchen verteilen.
Mit Kräutersalz und Pfeffer würzen.

Die Ernusskerne in den gleichen Topf geben, darin schwenken und leicht rösten.
Anschließend neben den Türmchen platzieren.

Zubereitungszeit: 15 Minuten

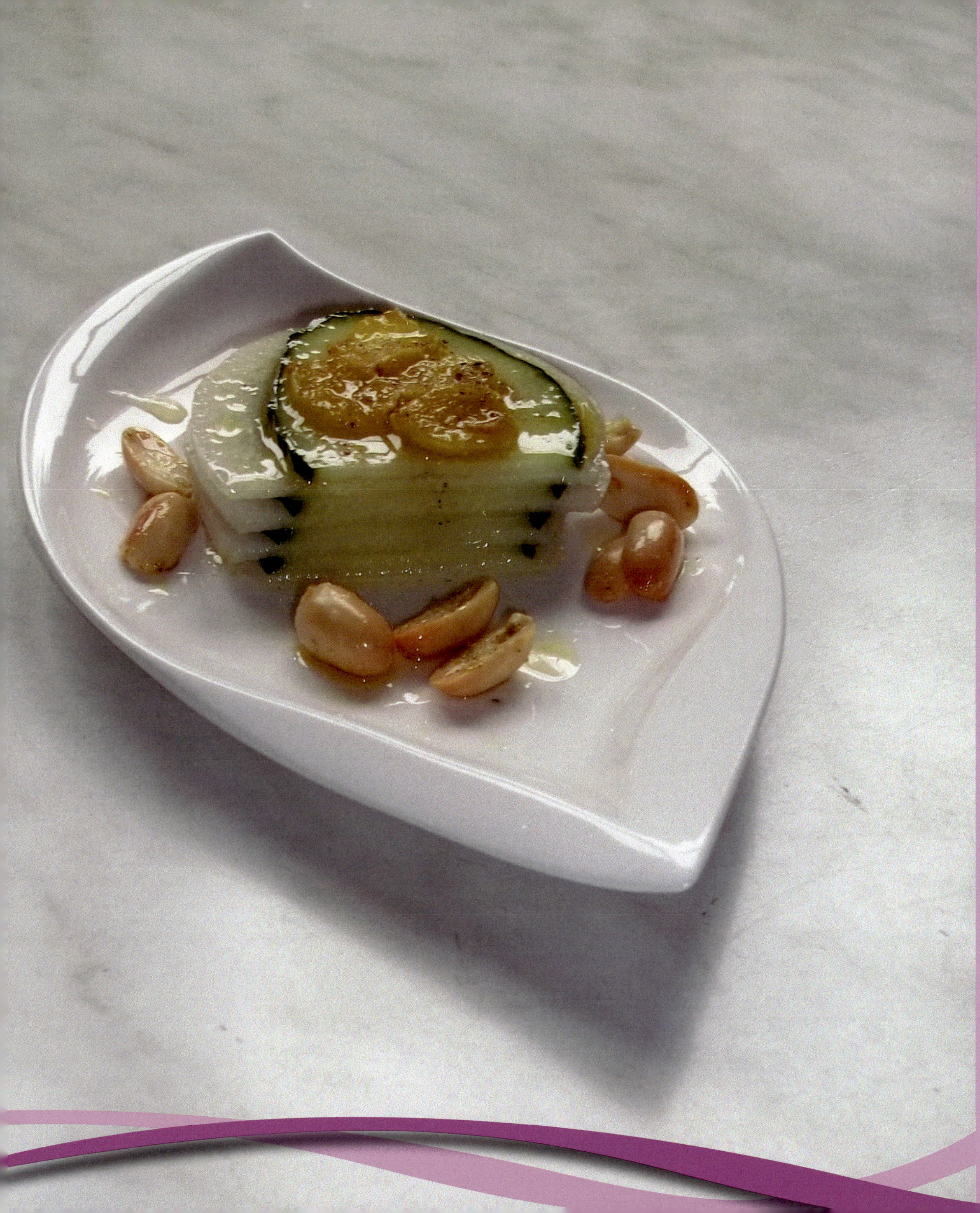

Wildkräutersalat mit Nüssen und gebratener Birne

Zutaten für 2 Personen:

200 g Wildkräuter:
z. B. Blutsauerampfer, Kapuzinerkresse, Rucola, Löwenzahnblätter,
Sauerklee, Giersch, Spinat,
Brennnesselblätter ...
60 g Nussmischung:
z. B. Haselnüsse, Mandeln,
Cashewkerne, Walnüsse,
Paranüsse ...
1 Birne
2 EL Olivenöl
2 EL Agavendicksaft
1 Stück Ingwer, ca. 2 cm
Saft von 1 Zitrone

Dressingsoße:
2 EL Olivenöl
2 TL Kräutersalz
1 EL Zitronensaft
Rosenpaprika
Pfeffer aus der Mühle

Zubereitung:

Wildkräuter waschen, trocken schütteln, in
mundgerechte Stücke zupfen und auf 2 Tellern verteilen.

Für die Dressingsoße alle Zutaten mischen.

Birne waschen, der Länge nach vierteln und das
Kerngehäuse entfernen.
Ingwer schälen und in kleine Würfel schneiden.

Nussmischung in einer Pfanne ohne Fett rösten.
Nüsse herausnehmen und abkühlen lassen.

Olivenöl in einer Pfanne erhitzen.
Die Birnenviertel kurz darin anbraten, bis sie eine
goldbraune Farbe haben.
Agavendicksaft, Ingwerwürfel und Zitronensaft dazugeben.
Kurz aufkochen lassen.

Die gebratene Birne zu den Wildkräutern geben.
Die Nussmischung auf den Birnen verteilen.

Die Dressingsoße über die Wildkräuter geben und servieren.

Zubereitungszeit: 30 Minuten

Tomaten-Linsensuppe mit Staudensellerie

Zutaten für 2 Personen:

120 g rote, geschälte Linsen
(Rote oder gelbe Linsen sind in
wenigen Minuten gar.)
1 EL Omega-3-Speiseöl
100 g Staudensellerie
2 Tomaten
1 Stück Ingwer, ca. 1 cm
1 Knoblauchzehe
1 EL Tomatenmark
500 ml Gemüsebrühe

Zur Dekoration:
Sellerieblätter

Zubereitung:

Linsen waschen, bis das Wasser klar bleibt.
Nach Packungsanweisung garen.
Nochmals so lange waschen, bis das Wasser klar ist.
Dadurch sind die Linsen leichter verdaulich.

Staudensellerie waschen, in 1 cm breite Stücke schneiden.
Tomaten waschen und in kleine Würfel schneiden.

Ingwer schälen und in kleine Stücke schneiden.
Knoblauch schälen und mit einer Knoblauchpresse durchpressen.

Das Öl in einem Topf erhitzen und den Staudensellerie andünsten.
Tomaten, Ingwer, Knoblauch und Tomatenmark hinzufügen.
Ebenfalls leicht andünsten und anschließend mit der Gemüsebrühe aufgießen.
Abgetropfte Linsen hinzugeben und abschmecken.

Auf Tellern servieren und mit Sellerieblättern dekorieren.

Zubereitungszeit: 30 Minuten

Blumenkohlsuppe mit Cashewsahne

Zutaten für 2 Personen:

200 g Blumenkohl
100 ml Gemüsebrühe
80 g Cashewkerne
200 ml Gemüsebrühe
Pfeffer
1 EL Petersilie

Zubereitung:

Blumenkohl waschen. Blumenkohlröschen vom Strunk abschneiden und in der Gemüsebrühe 10 Minuten kochen. Nach dem Kochen Gemüsebrühe nicht abgießen!

Ein paar Blumenkohlröschen aus der Brühe nehmen und beiseite legen.

Cashewkerne und weitere 200 ml Gemüsebrühe in ein hohes Gefäß geben. Mit dem Mixer mixen, bis alles cremig ist.

Die Gemüsebrühe mit den Blumenkohlröschen zu der Cashewsahne geben und ebenfalls mixen, bis alles cremig ist.

Petersilie waschen und klein schneiden.

Die Suppe zusammen mit den restlichen Blumenkohlröschen und der Petersilie nochmals aufkochen lassen. Mit Pfeffer abschmecken.

Zubereitungszeit: 20 Minuten

Kürbissuppe mit Apfelstückchen

Zutaten für 2 Personen:

½ Hokkaidokürbis, ca. 450 g
1 EL Sonnenblumenöl
1 Stück Ingwer, ca. 1 cm
1 TL Agavendicksaft
½ TL Rosenpaprika
½ TL Curry
400 ml Gemüsebrühe
½ Apfel

Zubereitung:

Hokkaidokürbis waschen, halbieren und die Kerne mit einem Löffel herausnehmen.
Die Schale ist nicht nur essbar, sondern zudem sehr schmackhaft und wird mitgekocht.

Den Kürbis in grobe Stücke schneiden.
Ingwer schälen und in Stücke schneiden.

Sonnenblumenöl in einem Topf erhitzen.
Darin Kürbis- und Ingwerstücke kurz braten.

Mit Gemüsebrühe aufgießen, Gewürze dazugeben und ca. 5 Minuten kochen.
Alles zusammen in einem hohen Gefäß mixen, bis alles püriert ist.

Apfel waschen, halbieren, Kerngehäuse entfernen und in kleine Stücke schneiden.

Suppe auf Tellern verteilen und Apfelstücke dazugeben.

Zubereitungszeit: 20 Minuten

Pilzpfanne mit Apfel und Thymian

Zutaten für 2 Personen:

400 g gemischte Pilze:
z. B. Champignons, Pfifferlinge,
Egerlinge, Steinpilze, Shiitakepilze …
2 EL Öl
1 Zwiebel
120 g Reis
Kräutersalz
Frischer Pfeffer
1 Apfel
Frischer Thymian

Zubereitung:

Pilze putzen oder waschen. Je nach Größe halbieren oder vierteln.

Apfel waschen und entkernen, in dünne Spalten schneiden.

Reis nach Packungsanweisung in Salzwasser gar kochen. Danach in einem Sieb abtropfen lassen.

In der Zwischenzeit die Zwiebel schälen und in feine Würfel schneiden.

Öl in einer Pfanne erhitzen. Pilze unter Wenden in der Pfanne goldbraun braten.
Zwiebelwürfel hinzufügen und kurz mitbraten.
Mit den Gewürzen abschmecken.
Apfelspalten hinzufügen und kurz erwärmen.

Reis und Pilzpfanne auf einem Teller anrichten, mit Thymian dekorieren und servieren.

Zubereitungszeit: 45 Minuten

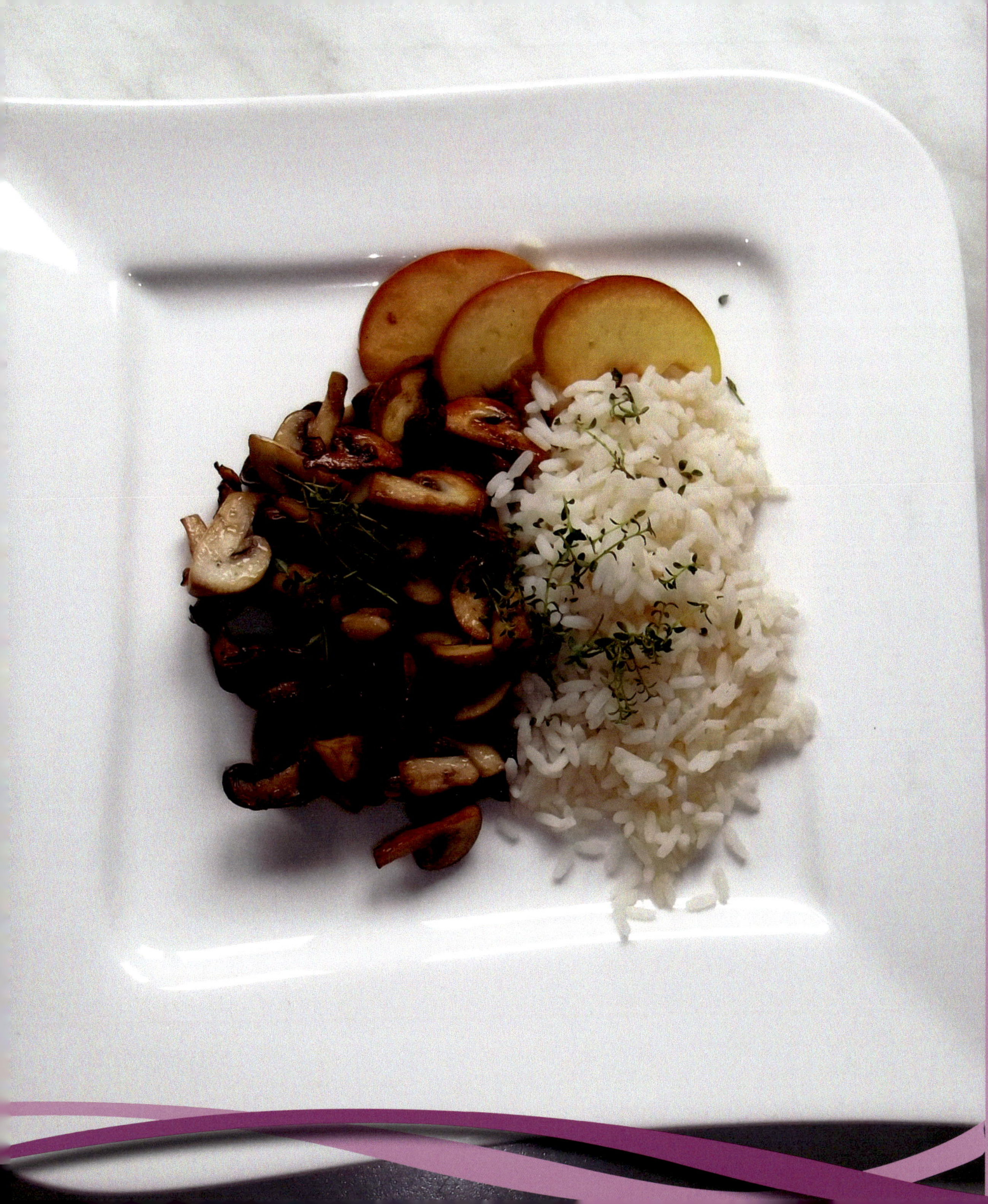

Kartoffel-Auberginentürmchen mit Feigen und Walnüssen

Zutaten für 2 Personen:

1 große oder 2 kleine Auberginen
4 große Kartoffeln
Olivenöl zum Anbraten
Pfeffer aus der Mühle
Kräutersalz
Frische oder getrocknete Kräuter,
je nach Geschmack: z. B. Rosmarin,
Thymian, Basilikum …
6 Walnüsse
4 getrocknete Feigen
1 EL Walnussöl
Pfeffer
Salz, Rosenpaprika

Tipp:
Walnüsse enthalten sehr viele,
für den Körper essenzielle
Omega-3-Fettsäuren.

Zubereitung:

Aubergine waschen, in 1 cm dicke Scheiben schneiden.
Kartoffeln schälen, in 1 cm dicke Scheiben schneiden.
Wenn möglich, darauf achten, dass die Kartoffeln und die
Auberginen ungefähr den gleichen Durchmesser haben.
Dann sieht es noch schöner aus.

Olivenöl in 2 Pfannen erhitzen. Die Kartoffel- und die
Auberginenscheiben in je eine der beiden Pfannen geben
und jeweils einige Minuten anbraten. Immer wieder
wenden, bis sie gar sind.

In der Zwischenzeit die Walnüsse grob zerkleinern.
Feigen in Scheiben schneiden.
Das Walnussöl in einem kleinen Topf erhitzen.
Walnüsse und Feigen kurz anbraten.
Mit Pfeffer, Salz und Rosenpaprika würzen.

Auberginen und Kartoffeln in den Pfannen jeweils mit den
Gewürzen, Kräutersalz und Pfeffer würzen.

Die gegarten Auberginen- und Kartoffelscheiben
abwechselnd zu Türmchen übereinander schichten.
Mit den gerösteten Feigen und Walnüssen anrichten und
servieren.

Zubereitungszeit: 45 Minuten

Spinatnudelnester

Zutaten für 2 Personen:

400 g Spinat
1 EL Omega-3-Speiseöl
Kräutersalz
Pfeffer aus der Mühle
160 g Hartweizennudeln: z.B. Linguine

Zur Dekoration:
Zitronenzesten von einer ¼ Bio-Zitrone
2 EL Sonnenblumenkerne

Zubereitung:

Sonnenblumenkerne in einer Pfanne ohne Fett goldgelb rösten. Abkühlen lassen.

Spinat gut waschen und in Streifen schneiden.

Nudeln in reichlich Salzwasser kochen. Wenn sie gar sind, in einem Sieb abschütten.

Während die Nudeln kochen, Öl in einem großen Topf erhitzen und den Spinat darin einige Minuten andünsten. Mit Kräutersalz und Pfeffer würzen.

Die Nudeln zu dem Spinat geben und durchmischen. Abschmecken.

Zum Anrichten die Spinatnudeln mit einer Gabel zu Nestern drehen.

Mit Zitronenzesten und gerösteten Sonnenblumenkernen dekorieren und servieren.

Zubereitungszeit: 30 Minuten

Reis-Maisgrießküchle knusprig gebraten

Zutaten für 2 Personen:

Grundbasis für die Küchle:

80 g Basmatireis
40 g Maisgrieß (Polenta)
180 ml Gemüsebrühe
40 g geröstete Sonnenblumenkerne
Omega-3-Speiseöl zum Braten
Je nach Geschmack sehr <u>kräftig</u>
würzen: Kräutersalz, Pfeffer aus der
Mühle, Chili, Rosenpaprika oder
Kurkuma …

Ergibt ca. 10 Stück

Als Beilage passen zu den Küchle sehr gut:

Gemischter Salat, Kartoffelsalat,
Weißkrautsalat, Blaukraut oder
verschiedenes Gemüse.

Tipp:

Reis-Maisgrießküchle eignen sich
sehr gut für Burger.
Hierfür Kornbrötchen mit Küchle,
Salatblatt, Tomaten, Senf und Essig-
gurke belegen.

Zubereitung:

Basmatireis nach Packungsanweisung garen.
Anschließend in einem Sieb
abtropfen lassen.

Maisgrieß in der Gemüse-
brühe sowie den Gewürzen
unter ständigem Rühren
5 Minuten kochen.
Danach quellen lassen.
Mit den Sonnenblumenkernen
mischen.
Die gewünschten Varianten
untermischen.

Mit einem Esslöffel kleine
Portionen abstechen. Mit den
Händen Kugeln formen und
flach drücken.
In einer Pfanne mit heißem
Omega-3-Speiseöl beidseitig
5 – 8 Minuten goldgelb braten.

Verschiedene Varianten:

Mit frischen Kräutern:

20 g frische Kräuter nach Wahl:
z. B. Rucola,
Brennnessel, Basilikum,
Schnittlauch, Petersilie,
Rosmarin …

Alle Kräuter waschen, trocken
tupfen und fein hacken. Unter
die Küchlemasse mischen.

Knusprige Sesamkruste:

Die Küchle vor dem Anbraten
in Sesamkörner wälzen. Auf
<u>niedriger Hitze</u> anbraten, sonst
werden die Sesamkörner zu
schnell dunkel.

Buchweizenkruste:

2 EL Buchweizen in einer
Pfanne ohne Fett rösten.
Die Küchle in dem gerösteten
Buchweizen wälzen, leicht
andrücken und anbraten.

Zucchini und Karotte:

50 g Zucchini und 50 g Karotten
fein raspeln.
Mit Küchenpapier trocken
tupfen.
Unter die Küchlemasse mischen.
Hierbei evtl. etwas Maismehl
dazugeben, falls die Küchle zu
feucht sind und deshalb nicht
zusammenhalten.

Bärlauch:

1 El fertiges Bärlauchpesto.
Das Öl vom Pesto etwas
abtropfen lassen, bevor das
Pesto in die Küchlemasse
gerührt wird.

Zubereitungszeit:

45 Minuten

Kohlrouladen mit Gemüse gefüllt und Bulgurtürmchen

Zutaten für 2 Personen:

Kohlrouladen:
1 Weißkrautkopf
1 Karotte
30 g Champignons, ca. 3 Stück
Öl zum Anbraten
1 TL Kümmel
Kräutersalz, Pfeffer
80 g Bulgur
250 ml Gemüsebrühe

Gemüsesoße:
1 Zwiebel
1 Tomate
1 Karotte
1 EL Tomatenmark
Curry
Öl zum Anbraten
250 ml Gemüsebrühe

Zubereitung:

Von dem Weißkraut 8 große Blätter vom Strunk abschneiden.
Die Blätter kurz in kochendes Wasser legen, herausnehmen und abkühlen lassen.
Die weiße Mittelrippe mit dem Messer keilförmig herausschneiden, sonst lässt sich das Kohlblatt nicht gut aufrollen.
Vom Weißkrautkopf 100 g auf einem Gemüsehobel fein hobeln. Karotte schälen und fein raspeln. Champignons putzen und in Scheiben schneiden.
Das gehobelte Weißkraut, die Champignon- und Karottenscheiben sowie den Kümmel in wenig Öl anbraten, bis es Farbe bekommt.
Wenige Minuten dünsten. Das Weißkraut und die Karotten sollten noch knackig sein.

Mit Salz und Pfeffer kräftig abschmecken. Abkühlen lassen.

Für die Gemüsesoße die Zwiebel schälen. Zwiebel, Tomate und Karotte in große Stücke schneiden. In wenig Öl anbraten.
Mit Tomatenmark und Gemüsebrühe ablöschen und je nach Geschmack würzen.

Das abgekühlte Gemüse für die Füllung auf 4 übereinander liegenden Kohlblättern in der Mitte verteilen, die Seiten leicht einschlagen und zusammenrollen. Evtl. mit Bindfaden oder Rouladennadeln fixieren, damit alles zusammenhält.
Die Krautwickel in Öl bei mittlerer Hitze von allen Seiten anbraten. Zusammen mit der Gemüsesoße die Kohlrouladen 10 – 15 Minuten garen.

Bulgur nach Packungsanweisung in der Gemüsebrühe quellen lassen. Danach in einem Sieb abtropfen lassen.
Die Kohlrouladen können zusammen mit dem Gemüse und der Soße zu dem Bulgur serviert werden.

Variante:
Das Gemüse der Soße abschöpfen und separat als Gemüsesuppe servieren. Hierfür mit 300 – 400 ml Gemüsebrühe auffüllen.

Zubereitungszeit: 45 Minuten

Apfelkuchen mit Mandeln

Zutaten:

Für eine kleine Springform, 20 cm:

Mürbeteig:
130 g Dinkelvollkornmehl
100 g Mandeln gemahlen
2 TL Speisestärke
2 TL Backpulver
20 g Leinsamen geschrotet
120 g Margarine
60 g Rohrohrzucker
½ TL Vanille gemahlen
1 Prise Salz

Apfelfüllung:
500 g Äpfel
30 – 40 g Rohrohrzucker
40 g Rosinen
Etwas Zimt
2 EL Mandelblättchen

Puderzuckerglasur:
1 EL Zitronensaft
2 – 3 EL Puderzucker

Für eine große Springform, 26 cm, die doppelte Menge nehmen.

Zubereitung:

Alle Zutaten des Mürbeteiges in einer Schüssel mischen und mit den Händen schnell verkneten, bis ein geschmeidiger Teig entsteht.
Teig abgedeckt im Kühlschrank ruhen lassen.

In der Zwischenzeit die Äpfel schälen, achteln und die Kerngehäuse entfernen. Äpfel mit einem Hobel in kleine Scheiben hobeln. Mit Rohrohrzucker, Rosinen und Zimt mischen.

Backofen auf 180 Grad vorheizen.

Den Mürbeteig in zwei ungleiche Hälften teilen. Die etwas größere Hälfte für den Boden und einen hohen Rand in der Springform verwenden. Teig flach andrücken, an verschiedenen Stellen mit einer Gabel einstechen und 5 Minuten anbacken.

Die abgetropfte Apfelmischung auf den Kuchenboden verteilen, leicht andrücken.
Etwas Mehl auf die Arbeitsfläche geben, den restlichen Teig ausrollen und als Deckel auf die Apfelmischung geben.
Bei 180 Grad 35 Minuten backen.

Die Mandelblättchen auf den Kuchen verteilen und nochmals 10 Minuten backen.
Auf einem Kuchenrost erkalten lassen.

Zitronensaft und Puderzucker zu einer Glasur mischen und wie ein Gitternetz auf dem Kuchen verteilen.

Zubereitungszeit: 45 Minuten
Ruhezeit: 30 Minuten
Backzeit: 5, 35 und 10 Minuten

Dinkelgrießbällchen mit Früchten der Saison

Zutaten für 2 Personen:

50 g Dinkelgrieß
300 ml Dinkelmilch
1 EL Agavendicksaft
Etwas Zitronenschale
½ Tonkabohne fein gerieben
oder
1 TL Vanillepulver gemahlen
1 Apfel oder ½ Birne
1 EL Zitronensaft
3 EL Wasser
1 Prise Zimt

Zur Dekoration:

ggf. Minzeblättchen
(Diese schmecken zu Birnen sehr gut.)

Tipp:

Je nach Saison kann hier auch mit Zwetschgen, Pflaumen, Birnen, Erdbeeren, Himbeeren, Heidelbeeren oder anderem Obst variiert werden.

Zubereitung:

Dinkelmilch, Agavendicksaft und Zitronenschale in einem Topf erhitzen. Tonkabohne auf einer Reibe fein reiben und hinzufügen oder das Vanillepulver hinzufügen.
Alles zusammen aufkochen lassen.

Dinkelgrieß langsam einstreuen und umrühren.
Auf niedriger Temperatur unter ständigem Rühren ein paar Minuten aufkochen.
Zur Seite stellen und abgedeckt auskühlen lassen.
(Ohne Abdeckung bildet sich eine Haut.)

Apfel oder Birne waschen und das Kerngehäuse entfernen. Apfel in Scheiben oder Birne in Würfel schneiden.
Die Apfelscheiben oder Birnenwürfel in einem Topf mit Wasser und Zitronensaft 2 Minuten dünsten. Abkühlen lassen.

Wenn der Dinkelgrieß erkaltet ist, mit einem Eisportionierer oder einem Esslöffel Kugeln oder Nocken abstechen, auf einen Teller geben und mit den gedünsteten Äpfeln oder Birnen servieren.

Zubereitungszeit: 30 Minuten

Pflaumen mit Banane und Knuspermüsli

Zutaten für 2 Personen:

3 EL Müsli nach Wahl:
z. B. Müsli mit Nüssen
1 EL Buchweizen
1 EL Rohrohrzucker
2 Pflaumen
1 Banane
125 ml Hafersahne
(z. B. von Hafer Cuisine)
1 TL Zitronensaft
1 Prise Vanillepulver

Zubereitung:

Müsli und Buchweizen in einer Pfanne ohne Fett kurz rösten. Rohrohrzucker dazugeben und rühren, bis der Zucker karamellisiert. Abkühlen lassen.

Die Pflaumen waschen, entkernen und in Spalten schneiden. In wenig Wasser 5 Minuten dünsten. Abtropfen lassen. Die Pflaumen auf 2 Tellern zu je einer Rosette im Kreis anrichten.

Banane schälen, in Scheiben schneiden und an der Innenseite des Pflaumenkreises anordnen.

Hafersahne mit Zitronensaft und Vanillepulver verrühren und über die Bananen geben.

Knuspermüsli auf dem Dessert verteilen und servieren.

Zubereitungszeit: 20 Minuten

Winterrezepte

Blaukraut- & Weißkrautsalat vereint mit Apfelscheiben

Zutaten für 2 Personen:

100 g Weißkraut
100 g Blaukraut
½ Apfel

Dressingsoße:
Saft von ½ Zitrone
1 TL Agavendicksaft
1 EL Walnussöl
100 ml Apfelsaft
Je nach Geschmack:
Kräutersalz, Pfeffer aus der Mühle,
Rosenpaprika, Kreuzkümmel

Zubereitung:

Weißkraut und Blaukraut auf einem Gemüsehobel fein hobeln.

Alle Zutaten für die Dressingsoße mischen und über den Salat geben. Gut durchmischen und 30 Minuten ziehen lassen.

Apfel waschen und vierteln. Das Kerngehäuse entfernen. Apfel mit einem Gemüsehobel in hauchdünne Scheiben hobeln.

Eine Hälfte der Apfelhobel unter den Salat mischen und mit der anderen Hälfte den abgeschmeckten Salat dekorieren.

Apfelscheiben wie zu einer Blüte formen.

Zubereitungszeit: 20 Minuten
Ruhezeit: 30 Minuten

Chicoréesalat
mit Karotten und Rosinen

Zutaten für 2 Personen:

1 Chicoréekolben
1 Karotte

Dressingsoße:
1 – 2 EL Rosinen
3 Datteln
2 EL Sonnenblumenöl
1 TL Zitronensaft
1 TL Kräutersalz
Etwas Paprikapulver
1 EL Wasser

Zur Dekoration:
Walnüsse oder geröstete
Sonnenblumenkerne

Zubereitung:

Mit der Dressingsoße beginnen. Hierfür die Rosinen mit heißem Wasser übergießen und ein paar Minuten quellen lassen sowie die Datteln klein schneiden.

Aus dem Sonnenblumenöl, Zitronensaft, Kräutersalz, Paprikapulver und Wasser eine Soße mischen.
Die abgetropften Rosinen sowie die Datteln zu der Dressingsoße geben. Einige Minuten durchziehen lassen.

Chicorée waschen und trocken tupfen.
Chicoréeblätter auf einen Teller legen.
Karotte auf einer Gemüseraspel grob raspeln.
Auf die Chicoréeblätter verteilen.
Mit der Dressingsoße übergießen und mit den Nüssen dekoriert servieren.

Zubereitungszeit: 15 Minuten

Portulaksalat
mit Kichererbsen und Orangen

Zutaten für 2 Personen:

70 g Portulaksalat
200 g Kichererbsen
(Gibt es fertig gekocht aus der Dose
oder im Glas.)
1 Orange

Dressingsoße:
Saft von 1 Orange
2 EL Olivenöl
2 TL Kräutersalz
Etwas Pfeffer aus der Mühle

Zur Dekoration:
Frische Orangenzesten

Zubereitung:

Portulaksalat waschen.

Kichererbsen in einem Sieb waschen, bis das Wasser klar
bleibt. Abtropfen lassen.

Orange schälen, in mundgerechte Stücke schneiden.

Portulaksalat, Kichererbsen und Orangenstücke auf
2 Tellern verteilen.

Aus den Dressingzutaten eine Soße mischen und über dem
Salat verteilen.

Mit Orangenzesten dekorieren.

Zubereitungszeit: 15 Minuten

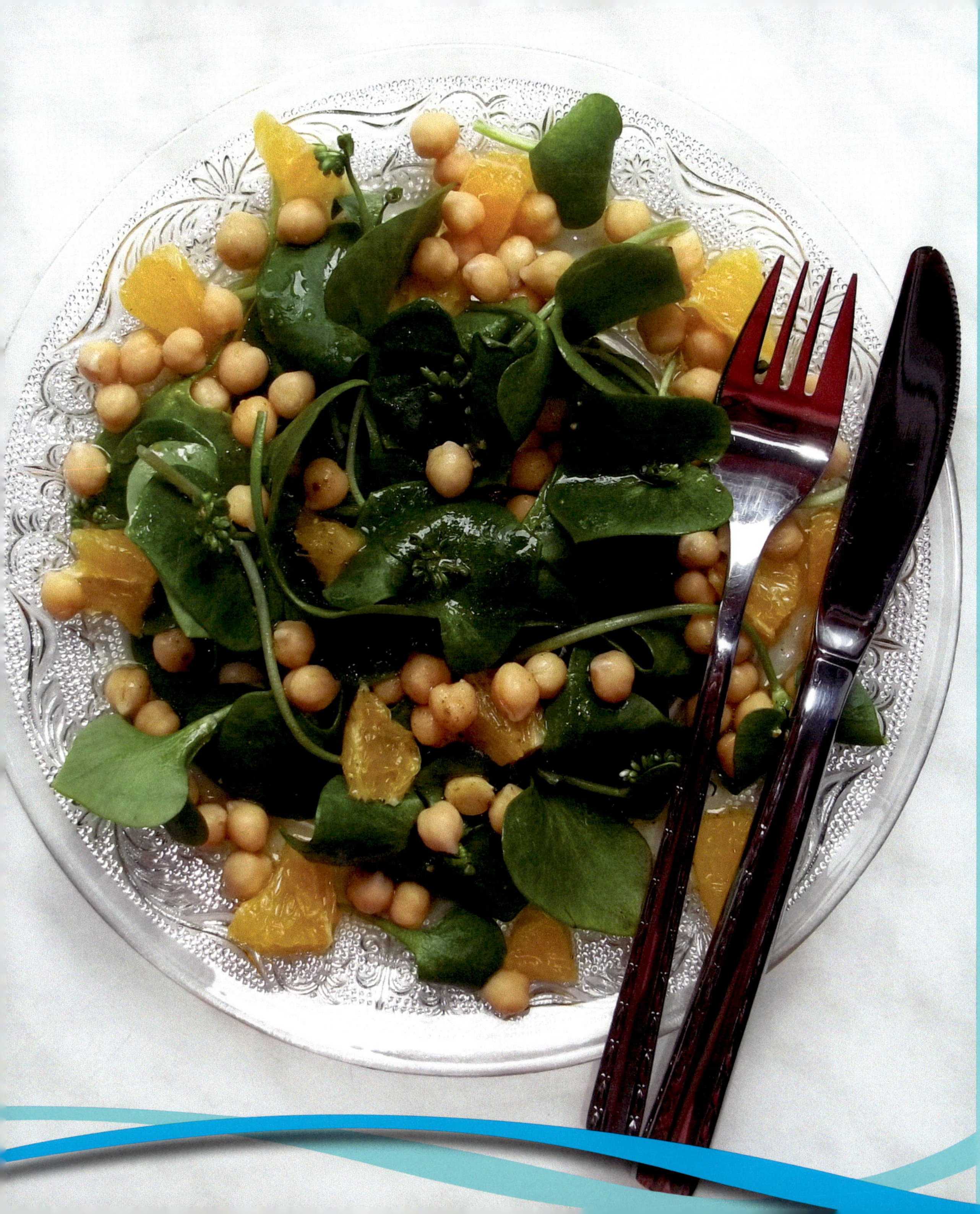

Kräftigende Haferflockensuppe

Zutaten für 2 Personen:

½ Zwiebel
1 Stück Ingwer, ca. 1 cm
1 TL Agavendicksaft
1 EL Omega-3-Speiseöl
40 g Haferflocken fein
Pfeffer, etwas Rosenpaprika
1 Spritzer Zitronensaft
500 ml Gemüsebrühe
2 EL Petersilie
¼ Zucchini

Zubereitung:

Zwiebel und Ingwer schälen und in feine Würfel schneiden.

Öl in einem Topf erhitzen. Zuerst die Zwiebel und Ingwer andünsten, dann Haferflocken dazugeben.
Mit den Gewürzen würzen, mit der Gemüsebrühe aufgießen und 5 Minuten kochen lassen.

Petersilie waschen, trocken schleudern und klein hacken. Zucchini waschen und in kleine Würfel schneiden.
Beides in die Suppe geben und servieren.

Zubereitungszeit: 15 Minuten

Sauerkrautsuppe mit Kartoffeln

Zutaten für 2 Personen:

100 g Sauerkraut
(Gibt es gewürzt und gekocht im
Reformhaus – braucht nur noch
erwärmt werden.)
100 g Kartoffeln
½ rote Paprika
1 EL Omega-3-Speiseöl
1 TL Agavendicksaft
2 EL Tomatenmark
1 TL Rosenpaprika
Pfeffer aus der Mühle
Chilipulver oder
frische Chilischote, ca. 1 cm
700 ml Gemüsebrühe

Zubereitung:

Sauerkraut in einem Sieb abtropfen lassen.

Kartoffeln schälen und in kleine Würfel schneiden.

Paprika waschen, Kerne entfernen und ebenfalls in kleine
Würfel schneiden.

Öl in einem Topf erhitzen. Die rohen Kartoffeln im Öl
anbraten, bis sie goldgelb gebräunt sind.
Sauerkraut hinzufügen und ebenfalls kurz anbraten,
bis es Farbe bekommt.

Paprikawürfel, Agavendicksaft und die Gewürze
dazugeben, mit Gemüsebrühe aufgießen.

Kochen lassen, bis die Kartoffeln gar sind.
Abschmecken und servieren.

Zubereitungszeit: 20 Minuten

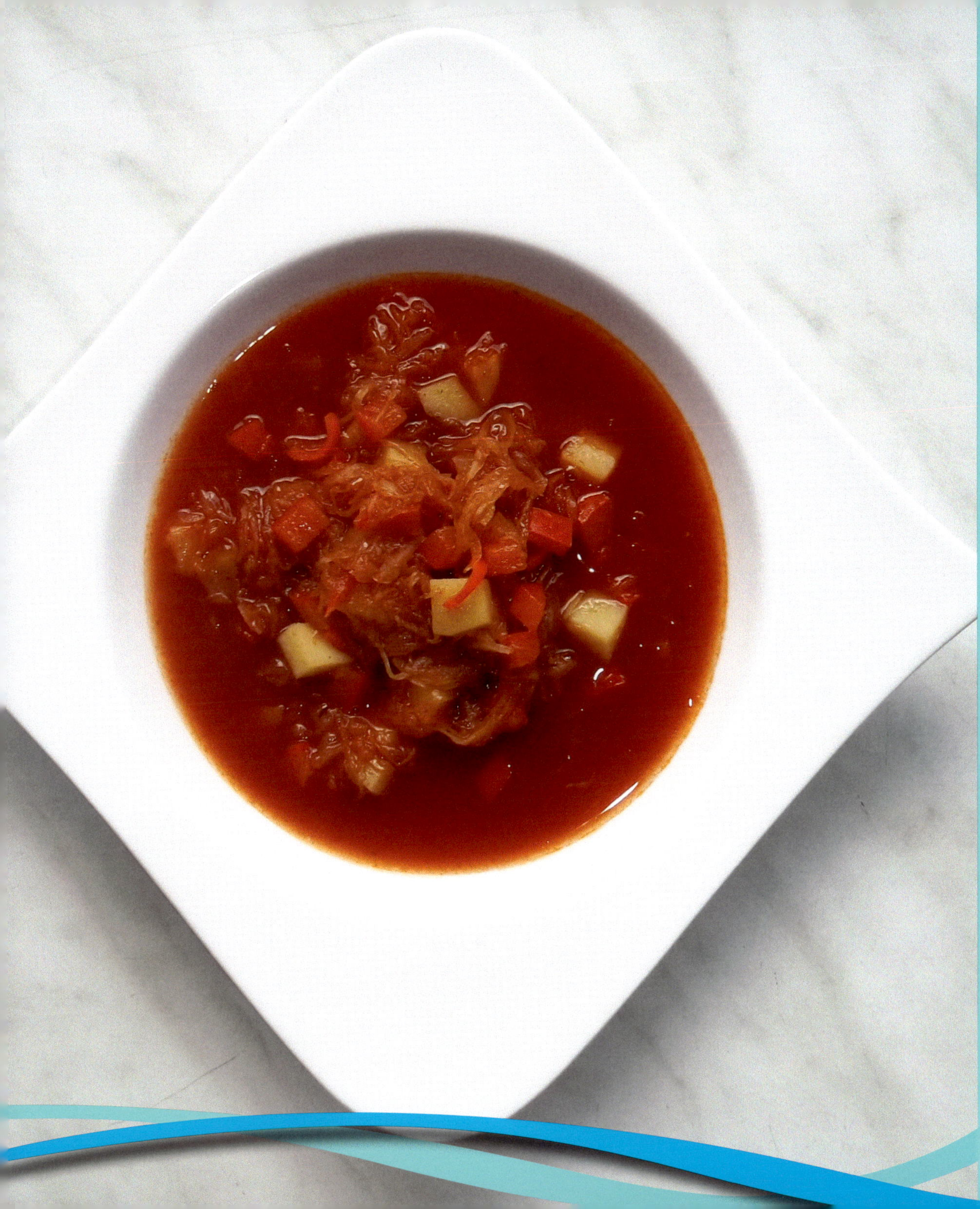

Thai-Gemüsesuppe

Zutaten für 2 Personen:

100 g Shiitakepilze
1 kleine Zwiebel
60 g Karotten
100 g Lauch
1 EL Omega-3-Speiseöl
¼ Chilischote rot oder grün
½ TL Agavendicksaft
1 TL Currypulver
1 TL Rosenpaprika
Pfeffer aus der Mühle
800 ml Gemüsebrühe

Zur Dekoration:
Frisches Koriandergrün oder Petersilie

Zubereitung:

Shiitakepilze waschen und in Streifen schneiden. Zwiebel schälen, halbieren und in feine Scheiben schneiden.

Karotten schälen und in schräge Scheiben schneiden. Lauch waschen und in feine Ringe schneiden. Chilischote halbieren, Kerne entfernen und in feine Streifen schneiden.

Das Öl in einem großen Topf erhitzen. Zuerst die Shiitakepilze anbraten, bis sie eine gebräunte Farbe haben. Danach das restliche Gemüse dazugeben und andünsten.

Chilischote, Agavendicksaft und die Gewürze dazugeben. Mit der Gemüsebrühe aufgießen. Nur kurz kochen lassen, damit das Gemüse knackig bleibt.

Abschmecken, auf Tellern verteilen und mit dem Koriandergrün oder der Petersilie dekorieren.

Zubereitungszeit: 20 Minuten

Linsentaler mit Chinakohlgemüse

Zutaten für 2 Personen:

80 g rote Linsen
(Rote und gelbe Linsen sind in
wenigen Minuten gar.)
400 g Kartoffeln
3 TL Kräutersalz
Pfeffer, Rosenpaprika
1 Prise Muskatnuss
3 EL Maisgrieß
1 EL Sonnenblumenkerne
Omega-3-Speiseöl zum Anbraten

Zur Verfeinerung:
2 EL Leinsamen

Zur Dekoration:
Frische Kräuter: z. B. Schnittlauch,
Petersilie ...

Chinakohlgemüse:
400 g Chinakohlblätter
2 EL Sonnenblumenöl
1 EL Sonnenblumenkerne
1 TL Kräutersalz
Etwas Chilipulver
1 TL Curry
1 Stück Ingwer, ca. 2 cm

Ergibt ca. 9 Stück

Zubereitung:

Linsentaler
Linsen gut waschen, bis sich
kein Schaum mehr bildet.
In kochendes Wasser geben
und 6 – 7 Minuten kochen, bis
sie gar sind. Linsen abschütten
und nochmals waschen, bis
das Wasser klar bleibt. (Die
Linsen sind dadurch besser
verträglich.)

Kartoffeln schälen. Auf einem
Gemüsehobel die eine Hälfte
der Kartoffeln fein und die
andere Hälfte grob raspeln.
Kartoffelraspel zu den Linsen
geben und zusammen mit
dem Maisgrieß, den Gewürzen
und Sonnenblumenkernen gut
durchmischen.
Die Linsenmischung ggf. mit
Leinsamen verfeinern.

Das Öl in einer beschichteten
Pfanne erhitzen.
Mit einem Esslöffel kleine
Portionen in die Pfanne geben,
flach drücken. Bei mäßiger
Hitze so lange braten, bis sich
die Linsentaler vom
Pfannenboden lösen und sich
gut wenden lassen.
Von beiden Seiten knusprig
braten.

Chinakohlgemüse:
Chinakohlblätter waschen.
Die dicken, weißen
Innenrippen keilförmig
herausschneiden und in
Streifen schneiden. Beiseite
legen. Die restlichen zarten
Chinakohlblätter ebenfalls in
Streifen schneiden.

Das Öl in einer Pfanne erhitzen.
Zuerst die dicken, weißen
Chinakohlstreifen mit den
Sonnenblumenkernen braten.
Danach die feinen Streifen
dazugeben, würzen und
abschmecken.

Ingwer schälen, in Scheiben
schneiden und in einem kleinen
Topf mit wenig Öl anbraten, bis
er eine goldgelbe Farbe hat.

Das Chinakohlgemüse und
die Linsentaler auf Tellern
anrichten. Den gebratenen
Ingwer über den Chinakohl
geben und die Linsentaler mit
frischen Kräutern dekorieren.

Zubereitungszeit:
45 Minuten

Quinoa mit Endivienstreifen und gewürzten Erdnüssen

Zutaten für 2 Personen:

150 g Quinoa tricolore
300 g Endiviensalat
(möglichst helle Blätter)
1 EL Erdnussöl
300 ml Gemüsebrühe
50 g Cashewkerne
100 ml Wasser
5 – 10 frische Erdnusskerne
Kräutersalz, Paprikagewürz
Pfeffer aus der Mühle

Zubereitung:

Quinoa tricolore nach Packungsanweisung kochen. Wenn das Quinoa gar ist, in einem feinen Sieb abtropfen lassen.

In der Zwischenzeit Endiviensalat waschen und in 2 cm breite Streifen schneiden.

Erdnüsse schälen. Die Kerne in einer Pfanne ohne Fett anrösten, herausnehmen und je nach Geschmack mit Kräutersalz, Pfeffer und Paprika würzen.

Cashewkerne mit 100 ml Wasser in einem hohen Mixgefäß zu einer cremigen Sahne mixen.

In einem Topf den Endiviensalat mit Erdnussöl kurz andünsten. Gemüsebrühe aufgießen und die Cashewsahne hinzufügen. Kurz aufkochen lassen.

Mit Quinoa und den gewürzten Erdnusskernen servieren.

Zubereitungszeit: 30 Minuten

Radicchio-Quinoapfanne mit Champignons und Sonnenblumenkernen

Zutaten für 2 Personen:

120 g Quinoa
2 EL Sonnenblumenöl
200 g Champignons
1 rote oder weiße Zwiebel
1 EL Sonnenblumenkerne
2 TL Kräutersalz
1 Prise Rohrohrzucker
1 Spritzer Zitronensaft
Rosenpaprika
Pfeffer aus der Mühle
150 g Radicchiosalat

Tipp:

Am besten eignen sich die inneren Blätter des Salatkopfes. Diese sind sehr zart und noch knackig.

Zubereitung:

Quinoa nach Packungsanweisung garen. Immer wieder kontrollieren, wann er gar ist. Quinoa sollte noch leicht körnig sein, sonst zerfällt er. In ein Sieb abschütten und abtropfen lassen.

In der Zwischenzeit die Champignons putzen und in Scheiben schneiden. Zwiebel schälen und in Ringe schneiden.

Zuerst die Champignons in Öl anbraten. Wenn sie Farbe bekommen die Zwiebel dazugeben.
Dann die Sonnenblumenkerne.

Quinoa untermischen und je nach Geschmack kräftig würzen.

Radicchiosalat waschen, abtropfen lassen und in 2 cm breite Streifen schneiden. Erst kurz vor dem Servieren unterheben!

Zubereitungszeit: 40 Minuten

Rote Bete mit Sesamkruste
Kartoffelsalat und Chinakohlsalat

Zutaten für 2 Personen:

Rote Bete:
2 mittelgroße Rote Bete
Kräutersalz, Pfeffer
60 g Mehl
100 ml Gemüsebrühe
100 g Sesam

Chinakohlsalat:
200 g Chinakohl
½ Apfel
1 Mandarine oder Clementine

Dressingsoße:
3 EL Apfelsaft
1 EL Zitronensaft
Kräutersalz
1 EL Sonnenblumenöl

Kartoffelsalat:
500 g Salatkartoffeln
100 ml Gemüsebrühe
2 EL Apfelessig
1 EL Omega-3-Speiseöl

Zubereitung:

Die Kartoffeln mit Schale in Wasser dämpfen, bis sie gar sind. Etwas abkühlen lassen. Anschließend pellen und in dünne Scheiben schneiden.

Die Kartoffelscheiben in eine Salatschüssel geben und mit Gemüsebrühe und Essig mischen. Das Öl erst ganz zum Schluss dazugeben, damit der Salat einen Glanz bekommt. Abschmecken.

Rote Bete mit Schale in Wasser kochen, bis sie gar sind, jedoch nicht zu weich. Abkühlen lassen, schälen und in 1 cm dicke Scheiben schneiden.

Chinakohl waschen und in feine Streifen schneiden.
Apfel waschen, Kerngehäuse entfernen und in kleine Stücke schneiden.
Mandarine schälen in kleine Stücke schneiden.
Dressingsoße verrühren und über den Salat geben. Mischen und abschmecken.

Rote Bete mit den Gewürzen würzen. Aus Mehl und Wasser einen dickflüssigen Teig rühren. Die Rote Bete darin eintauchen, abtropfen lassen, in Sesam wenden und etwas andrücken, damit der Sesam hält.

Öl in einer Pfanne erhitzen, aber nicht zu heiß! Rote Bete bei mittlerer Hitze von beiden Seiten knusprig braten.

Mit Kartoffelsalat und Chinakohl servieren.

Zubereitungszeit: 45 Minuten

Sauerkraut-Nudelpfanne

Zutaten für 2 Personen:

500 g Sauerkraut
1 EL Omega-3-Speiseöl
1 Zwiebel
500 ml Gemüsebrühe
1 EL Kümmel
Wacholderbeeren, je nach Geschmack
Pfeffer
200 g Dinkelvollkornnudeln:
z. B. Spirelli
2 EL Omega-3-Speiseöl zum Anbraten

Zubereitung:

Sauerkraut in einem Sieb abtropfen lassen.
Das Öl in einem Topf erhitzen und das abgetropfte Sauerkraut anbraten, bis es Farbe bekommt.

In der Zwischenzeit die Zwiebel schälen und in Würfel schneiden. Zu dem Sauerkraut dazugeben und etwas anbraten.

Mit Gemüsebrühe ablöschen. Gewürze je nach Geschmack dazugeben. Das Sauerkraut nach Packungsanweisung kochen lassen. Danach in ein Sieb geben und abtropfen lassen.

Die Nudeln in reichlich Salzwasser kochen. In ein Sieb abgießen und in einer Pfanne mit Öl anbraten, bis sie leicht gebräunt sind und sich eine Kruste bildet.
Sauerkraut dazugeben. Immer wieder wenden und erneut eine Kruste bilden lassen, bis alles eine leichte Bräunung hat.

Mit Pfeffer und Salz abschmecken. Servieren.

Zubereitungszeit: 45 Minuten

Aronia-Trockenpflaumensoße mit Blaukraut, Kartoffelpüree und An'Anasha-Äpfel

Zutaten für 2 Personen:

Aronia-Trockenpflaumensoße:
250 ml Bio-Aronia-Muttersaft
60 – 80 g Trockenpflaumen,
klein geschnitten
20 g Rosinen
200 ml Apfelsaft
Kräutersalz, Pfeffer
Rosenpaprika, Nelkenpulver

Blaukraut:
300 g Blaukraut
1 EL Omega-3-Speiseöl
2 TL Dinkelvollkornmehl
200 ml Gemüsebrühe
2 EL Apfelessig
1 Messerspitze Zimt
1 Messerspitze Nelkenpulver
Pfeffer

AN'ANASHA-Äpfel:
1 Apfel

Kartoffelpüree:
500 g Kartoffeln
150 ml Dinkelmilch
1 Prise gemahlene Muskatnuss
½ TL Salz

Zubereitung:

Blaukraut halbieren und Strunk herausschneiden. Das Blaukraut auf einem Gemüsehobel fein hobeln. Öl in einem Topf erhitzen und Blaukraut bei mittlerer Hitze dünsten. Mit Dinkelvollkornmehl stäuben, einige Male umrühren und mit der Gemüsebrühe und dem Apfelessig ablöschen. Mit den Gewürzen abschmecken. Bei leichter Hitze 15 – 20 Minuten zugedeckt schmoren lassen.

Kartoffeln schälen, in Stücke schneiden und in Salzwasser garen, bis die Kartoffeln weich sind. Wasser abgießen. Während die Kartoffeln kochen, Aronia-Muttersaft mit den Rosinen und den klein geschnittenen Trockenpflaumen, Apfelsaft und den Gewürzen 10 Minuten kochen.

Apfel waschen und in 2 cm dicke Ringe schneiden.

Mit einem Apfelkernausstecher das Kerngehäuse entfernen – so, dass die Form des AN'ANASHAs entsteht. Die Apfelringe in Wasser 2 Minuten dünsten.

Die Kartoffeln mit einem Kartoffelstampfer zerdrücken oder durch eine Kartoffelpresse drücken. Dinkelmilch und Salz erhitzen, zu den Kartoffeln geben und mit einem Schneebesen rühren, bis das Kartoffelpüree geschmeidig und glatt ist. Mit Muskatnuss abschmecken.

Blaukraut und Kartoffelpüree mit der Aronia-Trockenpflaumensoße und den AN'ANASHA-Äpfeln servieren.

Zubereitungszeit:
60 Minuten

Apfelmüsli

Zutaten für 2 Personen:

4 EL Müsli nach Wahl
1 Apfel
Saft von ½ Zitrone
150 ml Apfelsaft

Zum Verfeinern:
1 EL Leinöl (auf gute Qualität achten)

Zum Dekorieren:
Minzeblättchen
Kokosflocken

Tipp:
Leinöl enthält viele wichtige
Omega-3-Fettsäuren.

Zubereitung:

Apfel waschen, Kerngehäuse entfernen und auf einer Reibe grob raspeln. Apfel sofort mit Zitronensaft mischen.
Müsli und Apfelsaft dazugeben und 1 Stunde ziehen lassen, damit das Müsli quellen kann.

Zum Verfeinern Leinöl untermischen.

Auf Tellern oder in kleinen Schalen anrichten.
Mit Minzeblättchen oder Kokosflocken dekorieren.

Zubereitungszeit: 15 Minuten
Ruhezeit: 1 Stunde

Quinoa-Schokopralinen

Zutaten für ca. 35 Stück:

60 g Quinoa gepoppt
80 g Kakaobutter
50 g Rohrohrzucker
1 TL Vanillepulver gemahlen
80 g vegane Schokolade:
z. B. Mandel-Zartbitter
1 EL Kakao
1 Prise Salz

Pralinenpapierförmchen, Ø 3,5 cm

Zubereitung:

In einem Topf mit Wasser über dem Wasserbad in einer Glasschüssel unter Rühren Kakaobutter, Vanillepulver, Rohrohrzucker, Kakao, Salz und Schokolade schmelzen lassen.
Quinoa in die geschmolzene Masse einrühren und gut vermischen.

Die Pralinenmasse mit einem Teelöffel in die Pralinenpapierförmchen einfüllen. Kühl stellen.

Zubereitungszeit: 30 Minuten

Ruhezeit: Bei Zimmertemperatur mindestes 3 Stunden, im Gefrierfach 1 Stunde

Dinkelvollkorn-Nussküsschen

Zutaten für ca. 45 Stück:

80 g Mandeln grob gehackt
100 g Sonnenblumenkerne
100 g Dinkelvollkornflakes ungesüßt
100 g Kakaobutter
40 g Rohrohrzucker
20 g vegane Blockschokolade
1 TL Kakao
1 TL Vanille gemahlen

Pralinenpapierförmchen, Ø 3,5 cm
Oder: Backpapier

Zubereitung:

Mandeln auf einem Küchenbrett mit einem großen Messer grob hacken. Mandeln und Sonnenblumenkerne in einer Pfanne ohne Fett rösten.
Dinkelvollkornflakes in eine Schüssel geben, ein Küchenpapier obenauf legen und die Flakes etwas zerdrücken.
In einem Topf mit Wasser über dem Wasserbad in einer Glasschüssel unter Rühren Kakaobutter, Rohrohrzucker, Blockschokolade, Kakao und Vanille schmelzen lassen.
Mandeln, Sonnenblumenkerne und die Flakes in die geschmolzene Masse einrühren und gut vermischen.
Die Pralinenmasse mit einem Teelöffel in die Pralinenpapierförmchen einfüllen oder mit 1 Esslöffel Häufchen auf ein Backpapier geben. Kühl stellen.

Zubereitungszeit: 45 Minuten

Ruhezeit: Bei Zimmertemperatur mindestes 3 Stunden, im Gefrierfach 1 Stunde

Brotaufstriche & Brötchen

Kichererbsen-Brotaufstrich

Zutaten für Grundbasis:
250 g gekochte Kichererbsen aus dem Glas oder aus der Dose
1 EL Kräutersalz
1 EL Erdnussöl oder ein anderes Öl
Etwas Zitronenpfeffer
(Rezept siehe Frühjahr, Dinkelvollkornnudeln)
2 EL Mineralwasser

Zubereitung der Grundbasis:
Kichererbsen aus dem Glas oder der Dose gut abwaschen, bis das Wasser klar bleibt. In einem Sieb abtropfen lassen und in einen Mixbecher geben.

Die Kichererbsen mit den Gewürzen und dem Mineralwasser im Mixer mixen, bis eine cremige Masse entsteht. Kräftig abschmecken.

Mit einem Eisportionierer von der Masse Kugeln formen oder mit einem Esslöffel Nocken abstechen.

Tipp:
Kann im Kühlschrank für mehrere Tage aufbewahrt werden.
Diese Grundbasis kann verwendet werden, um mit verschiedenen Zutaten abwechslungsreiche Variationen herzustellen.

Variationsmöglichkeiten:

Nussmischung:
Grundbasis vom Kichererbsen-Brotaufstrich
1 EL Walnussöl
(anstatt des Erdnussöls verwenden)
2 EL Nussmischung:
z. B. Haselnüsse, Mandeln, Walnüsse, Cashewkerne ...

Nussmischung fein hacken. Mit einem Eisportionierer von der Grundbasis Kugeln formen oder mit einem Esslöffel Nocken abstechen und in der gehackten Nussmischung wälzen.

Hanfsamen und Sesam:
Grundbasis vom Kichererbsen-Brotaufstrich
2 EL Hanf- oder Sesamsamen

Mit einem Eisportionierer von der Grundbasis Kugeln formen oder mit einem Esslöffel Nocken abstechen und in den Hanf- oder Sesamsamen wälzen.

Oliven:
Grundbasis vom Kichererbsen-Brotaufstrich
5 – 6 entsteinte Oliven

Oliven hacken und unter die Grundbasis mischen.
Mit Olivenscheiben dekorieren.

Kräuter:
Grundbasis vom Kichererbsen-Brotaufstrich
Frische Kräuter:
z. B. Rucola, Petersilie, Schnittlauch, Sauerampfer, Löwenzahn, Gundermann, Brennnessel, Basilikum ...

Kräuter waschen und trocken schleudern, klein schneiden oder hacken, untermischen und abschmecken.

Zubereitungszeit:
15 – 20 Minuten

Hokkaidokürbis-Brotaufstrich

Zutaten für Grundbasis:

125 g Hokkaidokürbis
1 Stück Ingwer, ca. 1 cm
½ Knoblauchzehe
80 ml Gemüsebrühe
1 EL Sonnenblumenöl
Chilipulver, Zitronenpfeffer

Zubereitung der Grundbasis:

Hokkaidokürbis waschen.
Mit Schale in Stücke schneiden.
Mit der Gemüsebrühe 10 Minuten kochen.
Etwas abkühlen lassen.

Knoblauchzehe und Ingwer schälen und würfeln. Zusammen mit dem Kürbis und Sonnenblumenöl mit einem Mixer fein mixen, bis eine cremige Masse entsteht.
Würzen und etwas ziehen lassen.

Verschiedene Variationen:

Kokos:
Grundbasis vom Hokkaidokürbis-Brotaufstrich
1 EL getrocknete Kokosflocken

Kokosflocken unter die Grundbasis geben und alles zusammen mischen.

Minze:
Grundbasis vom Hokkaidokürbis-Brotaufstrich
Einige Minzeblätter

Minzeblätter waschen, trocken tupfen, klein schneiden und unter die Grundbasis mischen.

Sonnenblumenkerne:
Grundbasis vom Hokkaidokürbis-Brotaufstrich
Sonnenblumenkerne

Sonnenblumenkerne in einer Pfanne ohne Fett rösten, abkühlen lassen und unter die Grundbasis mischen.

Zubereitungszeit: 20 Minuten

Kichererbsen-Brotaufstrich

Hokkaidokürbis-Brotaufstrich

Kartoffel-Brotaufstrich

Zutaten Grundbasis:

2 Kartoffeln
Kräutersalz, Pfeffer, Rosenpaprika
2 EL Mineralwasser
1 EL Olivenöl

Zubereitung:

Kartoffeln mit Schale dämpfen. Noch heiß pellen und mit einem Kartoffel-stampfer oder einer Gabel in einer Schüssel zerstampfen.
Mit den Gewürzen würzen und abschmecken.
Mit einem Eisportionierer von der Masse Kugeln formen oder mit einem Esslöffel Nocken abstechen.

Verschiedene Variationen:

Mit Blüten:
Grundbasis vom Kartoffel-Brotaufstrich
Mit Gewürz-Tagetesblüte dekorieren.

Zitrone:
Grundbasis vom Kartoffel-Brotaufstrich
¼ TL Zitronenschale

Bio-Zitrone waschen. Dünne Steifen von der Schale abschneiden oder auf einer Reibe reiben.
Unter die Grundbasis mischen und abschmecken.

Oliven:
Grundbasis vom Kartoffel-Brotaufstrich
6 – 7 entkernte Oliven

Oliven in feine Scheiben schneiden und unter die Grundbasis mischen.

Rosmarin:
Grundbasis vom Kartoffel-Brotaufstrich
6 – 8 Nadeln Rosmarin

Rosmarin waschen und trocken tupfen. Rosmarinnadeln klein schneiden und unter die Grundbasis mischen.

Bärlauch:
Grundbasis vom Kartoffel-Brotaufstrich
1 – 2 TL fertiges Bärlauchpesto
oder frische Bärlauchblätter

Grundbasis mit Bärlauchpesto mischen.

Oder frische Bärlauchblätter waschen, klein schneiden, unter die Grundbasis mischen und abschmecken.

Schnittlauch:
Grundbasis vom Kartoffel-Brotaufstrich
3 EL Schnittlauchröllchen

Schnittlauch waschen und fein schneiden.
Unter die Grundbasis mischen und abschmecken.

Zubereitungszeit: 30 Minuten

Rote-Bohnen-Aufstrich

Zutaten für 2 Personen:

100 g Rote Kidneybohnen
(aus der Dose)
1 EL Olivenöl
1 TL Kräutersalz, Pfeffer
Frischer Thymian und Majoran,
je nach Geschmack

Zubereitung:

Rote Bohnen, Olivenöl, Kräutersalz und Pfeffer mit einem Mixer cremig mixen, bis alles fein püriert ist.

Den frischen Thymian und Majoran waschen und die Blättchen unter die Masse mischen.

Zubereitungszeit: 15 Minuten

Aubergine gebraten

Zutaten für 2 Personen:

4 Scheiben Auberginen
4 Scheiben Tomaten
Olivenöl
Kräutersalz, Pfeffer
2 Dinkelvollkornbrötchen

Zubereitung:

Aubergine waschen, in 1 cm dicke Scheiben schneiden.
Auberginenscheiben in Olivenöl anbraten und würzen.
Die Brötchen aufschneiden und damit belegen.
Mit Tomatenscheiben dekorieren.

Zubereitungszeit: 20 Minuten

Süßkartoffel-Brotaufstrich
Fruchtig pikant

Zutaten für 2 Personen:

100 g Süßkartoffeln
½ Apfel
Rosenpaprika, Kräutersalz, Chilipulver
1 TL Flohsamenschalen

Zubereitung:

Süßkartoffel schälen, in Scheiben schneiden und in Wasser garen, bis sie weich sind. Dann abtropfen lassen.
Apfel vom Kerngehäuse befreien. Zusammen mit den Süßkartoffeln und den Gewürzen in einen Mixbehälter geben und mixen, bis eine cremige Masse entsteht.

Mit Flohsamenschalen geliert die Masse, damit sie dicker und somit streichfähig ist. Den Süßkartoffel – Aufstrich auf ein Brötchen streichen und mit einem dünnen Apfelschnitz dekorieren.

Zubereitungszeit: 20 Minuten

Couscous orientalisch

Zutaten für 2 Personen:

80 g Auberginen
3 EL Olivenöl
1 Knoblauchzehe
1 Stück Ingwer, ca. 1 cm
1 Tomate
1 TL Agavendicksaft
1 EL Tomatenmark
3 EL Wasser
2 EL Couscous

Je nach Geschmack würzen:
Kräutersalz, Pfeffer, Kurkuma,
Kreuzkümmel, Zimt, Nelken,
Cayennepfeffer, 1 TL Senfsaat,

1 TL ganze Körner Koriander …

Zubereitung:

Aubergine schälen und in Würfel schneiden.
Tomate kreuzweise einschneiden, mit heißem Wasser übergießen und die Haut abziehen.
Tomate in Würfel schneiden.
Knoblauch und Ingwer schälen und in feine Würfel schneiden.

Auberginen- und Tomatenwürfel, Knoblauch und Ingwer in Olivenöl anbraten.
Mit Tomatenmark, Agavendicksaft und Wasser ablöschen.
Couscous dazugeben und mit den Gewürzen ein paar Minuten kochen.
Auskühlen lassen. Dann auf einem Brötchen servieren.

Zubereitungszeit: 30 Minuten

Pilz-Zwiebelbruschetta

Zutaten für 2 Personen:

5 – 6 frische Pilze nach Wahl: z. B.
Champignons, Egerlinge, Pfifferlinge …
1 EL Olivenöl
½ rote Zwiebel
Kräutersalz
Pfeffer aus der Mühle
1 Spritzer Zitronensaft
1 Prise Rosenpaprika
Frische Petersilie

Brötchen oder Brotscheiben

Zur Dekoration:
Frische Petersilie oder
Sauerampfer

Zubereitung:

Pilze putzen und in Scheiben schneiden.
Zwiebel schälen und in halbe Ringe schneiden.
Olivenöl erhitzen, Pilze und Zwiebelringe braten.

Mit Zitronensaft und den Gewürzen würzen und
abschmecken. Brötchen damit belegen.
Mit frischer Petersilie oder Sauerampferstreifen dekorieren.

Zubereitungszeit: 20 Minuten

Rote-Bohnen–Aufstrich

Aubergine gebraten

Süßkartoffel–Brotaufstrich
Fruchtig pikant

Couscous orientalisch

Pilz-Zwiebelbruschetta

Avocadocreme

Zutaten für 2 Personen:
1 Avocado
2 TL Zitronensaft
1 TL Agavendicksaft
1 EL Olivenöl
1 TL Kräutersalz, Pfeffer

Zum Verfeinern und zur Dekoration:
1 EL geröstete Pinienkerne
(in einer Pfanne ohne Fett rösten)
Oder
¼ Mango in Würfel geschnitten
Oder
1 EL Brennnesselblüten

Hinweis:
Die Avocadocreme sollte noch an demselben Tag aufgebraucht werden!

Zubereitung:
Avocado schälen und Kern entfernen. In einem Mixer das Fruchtfleisch mit dem Zitronensaft, Agavendicksaft, Olivenöl und den Gewürzen mixen, bis eine cremige Masse entsteht. Abschmecken.

Avocadocreme in einen Spritzbeutel füllen und mit Mango, gerösteten Pinienkernen oder den Brennnesselblüten verfeinern und dekorieren.

Zubereitungszeit: 15 Minuten

Dinkelvollkornbrötchen

Zutaten für ca. 11 Brötchen:

500 g Dinkelvollkornmehl
1 Päckchen Trockenhefe
2 TL Salz, 1 EL Kräutersalz
2 EL gefriergetrocknete
Trockenkräuter oder frische Kräuter, je
nach Wahl und Jahreszeit
3 EL Sonnenblumenkerne
3 EL Leinsamen
3 EL Sesam
1 EL Kümmel
1 EL Agavendicksaft
400 – 450 ml lauwarmes Wasser

Zum Verfeinern:

Mit Gewürzen verfeinern: z. B. getrocknete Tomaten, klein geschnittene Oliven, Röstzwiebel, Dill, Petersilie, Knoblauch, Bärlauch ...

Zubereitung:

Mehl, Hefe, Salz und Körner mischen. Alle Zutaten gut vermengen und etwa 10 Minuten zu einem glatten Teig kneten.

Den Teig mit den Händen kneten, kleine Brötchen formen und auf ein mit Backpapier ausgelegtes Backblech legen.

Bei 80 Grad 30 Minuten gehen lassen.
Danach die Temperatur auf 200 Grad erhöhen und 20 – 25 Minuten backen.

Zubereitungszeit: 20 Minuten
Gesamtbackzeit: 50 – 55 Minuten

Roggenvollkornbrötchen mit dunklem Bier

Zutaten für ca. 10 Brötchen:

300 g Roggenvollkornmehl
2 TL Salz, 1 TL Kräutersalz
2 EL Leinsamen
2 EL Sonnenblumenkerne
1 EL Kümmel
250 ml dunkles Bier
1 Päckchen Backpulver

Zubereitung:

Mehl, Salz und Körner in einer Schüssel mischen.
Dunkles Bier mit Backpulver schaumig rühren.
Das Bier mit dem Mehlgemisch verrühren und zu einem glatten Teig kneten.

Mit den Händen kneten und daraus 10 Brötchen formen. Auf ein mit Backpapier ausgelegtes Backblech legen. Zwischendurch die Hände waschen, damit der Teig nicht kleben bleibt.

Die Brötchen mit Mohn, Sonnenblumenkerne, Kürbiskerne oder Kümmel bestreuen und bei 200 Grad 25 – 30 Minuten backen.

Zubereitungszeit: 15 Minuten
Backzeit: 25 – 30 Minuten

Dinkelvollkornbrötchen

ggenvollkornbrötchen
dunklem Bier

Rezeptverzeichnis

Gerne wirke ich für dich in meiner Praxis für dich.

Kristall Tempel *Myriel*

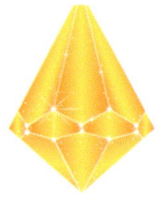

Angelika Myriel Luh
Im Seggers 7
87437 Kempten
Tel. 0831 / 77485
www.kristall-tempel-myriel.de

NEUES Bewusst-SEIN

Herzlich willkommen

Auf meinem spirituellen Weg, den ich seit 2008 gehe, habe ich meine Hellfühligkeit und meine Fähigkeiten, mit Energien und Lichtkristallen zu wirken sowie den Menschen hilfreich zur Seite zu stehen, zu meinem Beruf gemacht.
Es gibt nichts Schöneres, als das zu tun, was Freude macht und der Seele Erfüllung schenkt.
Mit dem Herzen und der Seele im FRIEDEN zu sein und das eigene Licht zu erkennen, lässt die Leichtigkeit im Leben fließen

In meiner Praxis arbeite ich als Bioenergietherapeutin und Aurameisterin nach Heiko Wenig u.a. mit körperorientierter Energiearbeit. Als Trainerin der Kryonschule und Begleitung in ein NEUES BEWUSSTSEIN!

Ich freue mich, wenn ich für dich wirken darf.

In Liebe
Angelika Myriel